희망퇴직 매뉴얼:

준비에서 성공까지

오성호

아무도 알려 주지 않는 누구나 희망하는 퇴직,
아무도 원하지 않는 희망퇴직

박영사

── 희망퇴직 매뉴얼: 준비에서 성공까지 ──

집필동기

　희망하는 퇴직을 꿈꾸고 있거나 희망퇴직·권고사직의 대상자가 되신 분들께 도움을 드리기 위해 이 책을 집필하게 되었습니다. 희망퇴직은 구조조정에 의한 퇴직이면서도 합의에 의한 자발적 퇴직으로 진행되므로 관련된 정부·통계, 고용노동부의 가이드 등 공식적인 자료가 없습니다. 희망퇴직 대상자들에게 실질적인 도움이 되기를 바라는 마음에서 희망퇴직 대상자들이 겪는 감정의 상태, 산업별·기업별 희망퇴직 위로금 등 보상 조건, 희망퇴직의 대상자들을 위한 협상 전략과 다양한 사례, 관련된 법률 등을 담았습니다. 또한, 현재 몸 담고 있는 조직에서의 장기적인 경력을 마감하는 시점에 있다면, 이 책은 다음 단계를 준비하는 데 있어 실질적인 도움이 되기를 기대합니다.

독자들에게 전하고 싶은 메시지

　희망퇴직은 아무도 희망하지 않는 퇴직이라고 합니다.

　희망하지 않는 퇴직의 대상자가 되었다는 통보를 받게 되면, 정신적으로 큰 충격을 받게 됩니다. 아무런 준비 없이 희망퇴직의 대상자가 되면 누구나 큰 충격을 받게 되며, 감정의 홍수를 겪게 되고, 준비되지 않은 미래의 불안감이 삶에 대한 위협으로 다가오게 됩니다. 희망퇴직의 위로금, 나이, 조건 등을 보면 회사마다 달라서 개인의 생계유지와 새로운 삶의 설계 관점에서 어떠한 위협과 기회 요인이 있는지에 대해 감정보다는 이성적 사고로 냉철하게 판단해 보아야 합니다.

　"대사직(Great Resignation)의 시대[1]"라는 표현에서도 나타나듯이 자발적으로

---

[1] 앤서니 클로츠 A&M대 경영대학원 교수, 2021년 노동자들의 대규모 이탈을 예견하면서 처음 사용.

직장을 그만두기를 희망하는 사람들도 많이 있습니다. 주로 3040의 세대에서 많이 나타나는 경향이 있습니다만, 이들은 노동시장에서의 자신의 가치와 경력 커리어 개발 면에서 자신감을 가지고 있습니다. 희망퇴직의 대상자가 되기를 기대하는 3040 세대도 있으며, 희망퇴직 위로금을 챙겨서 다른 직장으로 이직하는 것을 꺼려하지 않습니다. 이들은 희망퇴직의 대상자가 되지 못한 것에 대해 불공정함을 제기하기도 합니다. 그렇지만, 불확실한 미래로의 여행이 되므로 막상 희망퇴직 대상자가 되고 나면 망설여지고, 불안감이 커지게 됩니다.

희망퇴직을 잘 이해하고 준비한 직장인들은 드뭅니다. 지난 30년간 제가 다루어 온 HR의 다양한 이슈들 중에서 희망퇴직만큼 개인의 삶에 큰 영향을 미치는 것도 별로 많지 않은 것 같습니다. 희망퇴직은 당사자인 개인과 그 가족의 삶에 정말 큰 영향을 주는데, 별다른 준비 없이 회사 생활을 하다가 희망퇴직의 대상이 되었거나 희망퇴직을 막연하게 기대하는 경우를 자주 봅니다. 희망퇴직의 대상이 되었거나 이를 고려하고 있는 사람들은 희망퇴직을 인생의 중대한 전환점으로 포지셔닝하고 이를 효과적으로 관리할 필요가 있습니다. 그러기 위해서는 희망퇴직이 진행되는 과정에서 겪게 될 다양한 감정적 변화와 재정적, 법적 측면의 내용을 이해하는 것이 중요합니다. 저는 희망퇴직이 단순히 경력의 종료를 의미하지 않는다고 믿습니다. 오히려, 인생의 다음 장을 열기 위한 새로운 기회의 시작이라고 생각합니다.

차
례

 Chapter 1
준비되지 않은 희망퇴직 준비하기

 Chapter 2
희망퇴직 이해하기

Chapter 3

희망하는 퇴직 준비 점검하기

Chapter 4

회사가 제시하는 보상 조건 알아보기

Chapter 5

감정의 변화 이해와 자기 돌봄 전략

Chapter 6

희망퇴직 보상 조건 협상하기

Chapter 7

희망퇴직 보상 조건 협상 사례

Chapter 8

퇴직 준비와 마무리

Chapter 9

퇴직 관련 금품과 세금: 퇴직금, 평균임금, 위로금

Chapter 10

희망퇴직과 실업급여, 의료보험, 국민연금

Chapter 11

고용노동부를 통한 분쟁 해결

chapter

01

준비되지 않은 희망퇴직 준비하기

제1장
준비되지 않은 희망퇴직 준비하기

1 어느 희망퇴직자 대상자의 이야기

"평소와 다름없이 열심히 일하고 있는데, 팀장이 갑자기 면담을 하자고 했습니다. 나더러 희망퇴직 대상자라고 하면서 "이번에 2.5년치 연봉을 위로금으로 주는데 이런 기회가 앞으로는 없을 수도 있으니 위로금 받고 퇴직하는 것이 어때, 마땅히 줄 업무도 없고…"라고 이야기하는 것이었습니다. 팀장은 '자기도 위에서 명단을 받았다고 어쩔 수 없다'고 하면서 거의 통보하듯이 말하던데, 너무 떨리고 당황해서 그냥 생각해 보겠다고만 말하고 나왔습니다. '그동안 내가 회사에 기여한 것이 얼마나 많은데, 회사가 나를 이런 식으로 취급해도 되는 거야?' 하는 생각이 들면서 화가 치밀어 오르고 심각한 배신감을 느꼈습니다."

"집에 가서 뭐라고 말해야 할지, 앞으로 어떻게 살아가야 할지 너무 막막해 죽겠어. 물론 회사가 힘든 건 알고 있어. 나도 50이 넘었고 해서 그동안 다른 선배들 하는 것 보면서 언젠가는 이런 날이 올 것이라고는 생각했지만, 희망퇴직이라고 하면서 권고사직처럼 통보하는 건 안 되잖아. 나는 아직 준비가 안 되었다고."

현재의 직장에서 일을 더 하고 싶은데도, 퇴직을 권유받는 시점이 옵니다. 언론 매체를 통해서 경영악화로 희망퇴직을 실시하는 기업을 자주 접하게 됩니다. 우리 주변에서 희망퇴직을 하는 분들을 자주 보면서 "나도 언젠가는 내가 원하지 않더라도 퇴직을 해야 하는 시점이 올 테니 잘 준비해야지" 하는 마음의 준비를 하시는 분들을 많이 보았습니다.

그렇지만, 막상 그때가 되면 커다란 충격과 함께 회사에 대한 배신감, 그동안 준비를 소홀히 한 나 자신에 대한 자책, 회사를 그만두면 어떻게 먹고 살지 하는 불안감의 음습 등 여러 가지 감정이 한꺼번에 몰려들면서 어떻게 해야 할지 모르는 분들이 많이 있습니다. 그동안 준비를 열심히 해 왔다고 생각하는 분들조차도 희망퇴직을 통보받는 상황이 오면 크게 다르지 않습니다. 막상 퇴직을 한다고 생각하니 "그동안 잘 준비해 왔잖아", "이제는 내가 하고 싶은 것을 하면 돼", "아 이제는 자유다" 하는 자신감과 함께 "당장 수입이 끊기는데, 어떻게 돈을 벌지", "누가 나한테 강의나 컨설팅 등 내가 할 수 있는 일들을 맡길까?", "학자금 등 아직 나가야 할 돈이 많은 데 어떡하지", "정 안되면 몇 달은 실업급여로 버틸 수 있나", "내 나이에는 재취업이 안 된다고 하던데, 그래도 이력서를 내어 볼까", "집에 있으면 아내가 어떻게 생각할까", "출근할 곳이 없는데 매일 도서관이라도 가야 하나? 점심은 어떻게 해결하지", "의료보험과 국민연금이 폭탄 수준이라던데, 얼마나 되지? 감면받을 방법은 없나" 등등 많은 걱정과 부정적인 생각이 하루에도 여러 번 엄습해 오곤 했다고 합니다.

2 퇴직 이후 삶의 변화에 대한 두려움과 기대

퇴직을 마주하는 분들을 만나보면 대략 두 가지 관점을 가지고 있는 것 같습니다. 어떤 관점으로 준비하고 수용하느냐에 따라 퇴직의 의미가 크게 달라질 수 있습니다. 첫 번째 관점은 '구조조정의 대상이 되어 강제로 회사 밖으로 내몰리는 권고사직'이라는 절망적인 의미입니다. 두 번째 관점은 '희망하며 기대해 왔던, 꿈꿔왔던 희망하는 퇴직'이라는, 긍정적인 전환을 의미하는 준비된 희망퇴직입니다.

■ 삶에 대한 절망적인 의미로서의 권고사직

회사를 계속 다니고 싶지만 아직 퇴직 준비가 되어 있지 않은 상태에서 희망퇴직 대상자로 통보를 받으면, 권고사직과 같은 느낌으로 받아들이게 되며, 이로 인해 배신감과 분노, 절망적인 심리 상태가 될 수 있습니다.

구조조정이 진행될 때, 인사 부서는 회사측의 입장을 더 강하게 대변합니다. 인사 부서에서는 회사의 사업 계획에 따라 절감할 인건비와 인원 수 등 목표가 결정되면, 희망퇴직 대상자들에게 퇴직 유인 또는 권고를 하게 됩니다. 현업 부서장들은 어려운 면담을 피하려 인사 부서에 떠넘기는 경우가 많습니다. 이로 인해 현업 부서장에게 제대로 설명을 받지 못해서 퇴직에 대한 마음의 준비가 되지 않은 직원들과의 면담은 인사 담당자들에게도 어려운 일이 됩니다. 면담을 진행하다 보면 안타까운 사연을 많이 접하게 되며, 아무리 회사 일이지만 함께 일해 온 동료들에게 이렇게까지 해야 하는지 자문하며 인사 담당자로서 힘든 시기를 보내기도 합니다.

권고사직형으로 희망퇴직을 진행해야 하는 분들과 면담을 해보면, 익숙하고 안정적인 삶의 기반인 회사를 떠나 새롭게 개척해 나가야 할 미래에 대한 두려움을 많이 가지고 있습니다. 권고사직형 퇴직 대상자들이 흔히 겪는 두려움은 다음과 같습니다.

권고사직형 희망퇴직에 대한 두려움

- **경제적 두려움**
  소득절벽의 삶에 대한 두려움
  미래 불확실한 기간의 재정에 대한 두려움
- **심리적 두려움**
  무력감과 자아 존중감의 저하
  불확실한 재취업 / 경력 전환에 대한 스트레스와 불안감
- **사회적 두려움**
  나를 바라보는 가족과 주변 사람들의 눈빛에 대한 두려움
  아무도 찾아주지 않는 고립감
  소속감의 상실

2 삶에 대한 긍정적인 전환의 의미로서 희망퇴직

은퇴를 앞둔 나이에는 인생 2모작을 위한 체계적인 준비를 하는 분들이 많이 있습니다. 이미 예정된 정년이 오히려 은퇴 이후의 삶을 적극적으로 준비하게 만드는 원동력이 됩니다. MZ세대의 경우, 회사를 옮기는 빈도가 베이비붐 세대보다 많습니다. 이들은 회사를 옮기면서 연봉이 높아지고, 새로운 경험과 경력을 쌓으면서 자연스럽게 다음 경력을 준비하는 경우가 많습니다.

나이가 50세, 혹은 45세만 되어도 구조조정의 대상이 되어 희망퇴직을 하는 분들에 대한 소식을 자주 접하게 됩니다. 한 살이라도 젊을 때 창업을 꿈꾸며, 창업 준비금으로 희망퇴직 위로금을 받기를 기다리는 4050세대들도 있습니다. 꿈꾸고 희망해 온 희망퇴직을 진행하시는 분들과 면담을 해 보면, 두려움보다는 미래에 대한 기대감과 설렘이 더 큰 것 같습니다. 희망해 온 퇴직을 실행하는 대상자들의 기대와 설렘은 다음과 같습니다.

희망해 온 희망퇴직에 대한 기대와 설렘

- **경제적 기대감**
  희망퇴직 위로금에 대한 재정적 안정
  여유 자금 투자
  저축을 통한 미래 준비
- **생활의 변화**
  원하는 활동에 대한 자유로운 시간
  소홀히 했던 가족과의 관계를 돈독히 할 시간
  새로운 인간관계의 형성
- **경력 전환과 성장**
  잠시 쉬어가는 인생의 쉼표
  삶에 대한 성찰의 기회
  준비해 왔고 원했던 경력으로의 전환과 도전

---

3 로또 같은 희망퇴직!

희망퇴직을 시행하는 회사들은 법정 퇴직금, 희망퇴직 위로금, 학자금, 전직 지원금, 복리후생 등 상당히 매력적인 보상 조건을 내세우는 경우들이 많이 있습니다. 물론, 회사의 규모나 경영상황, CEO의 경영철학 등에 따라 많은 차이가 있지만, 일시에 큰 목돈을 받게 된다는 점에서 마음이 흔들리는 상황이 되기도 합니다. 가끔씩 로또 같다는 생각을 하시는 분들도 계시는데, 과연 그럴지 살펴볼 필요가 있습니다.

1 희망퇴직 위로금과 퇴직 시점에 따른 누적 총보상의 비교

24년 희망퇴직 위로금은 11번가의 4개월 급여에서 LG계열사 3년 연봉까지 기업별 차이가 매우 큽니다. 정규직 사원들의 근로 계약을 무기계약이라고 합니다. 기한의 정함이 없다는 이야기인데, 정규직의 무기계약 기간은 노동법이나 취업규칙에서 정하는 정년까지의 근로를 의미합니다. 정년까지 근로의 대가로 받게 되는 총 누적 보상과 비교해 보면 희망퇴직 위로금이 로또인지를 판단해 볼 수 있을 것입니다.

> **회사에서 지급해야 할 누적 보상 금액 단순 가정**
>
> • 50세, 근속 20년, 연봉 8000만원, 60세 정년
> • 임금 인상률 3%, 58~60세 임금 피크 10% 적용
> • 4대 보험 등 복리후생비 연봉의 15% 적용
> • 수당, 정기 보너스, 경영성과급 미지급 적용

희망퇴직 위로금이 2년치 연봉이라면, 50세 1월 희망퇴직 시 총 수령액은 29,333만원입니다. 2억9천만원을 일시불로 받게 되므로 큰 금액으로 느껴집니다. 이 금액과 회사에 계속하여 재직한다면 받게 되는 누적 보상액을 단순 비교해 보면 2년치 희망퇴직 위로금이 어느 정도 가치가 있는지를 판단하는 데

도움이 될 것입니다.

표 1-1 50세인 근로자가 퇴직연령 시점에 받게 되는 누적 보상 총액(단위: 만원)

퇴직연령	연봉	복리후생비	연봉/복후비	퇴직금	누적보상액
50세	8,000	1,200	9,200	13,333	22,533
51세	8,240	1,236	9,476	14,420	33,096
52세	8,487	1,273	9,760	15,560	43,996
53세	8,742	1,311	10,053	16,755	55,245
54세	9,004	1,351	10,355	18,008	66,852
55세	9,274	1,391	10,665	19,321	78,831
56세	9,552	1,433	10,985	20,697	91,192
57세	9,839	1,476	11,315	22,138	103,947
58세	8,855	1,328	10,183	738	114,869
59세	7,970	1,195	9,165	664	124,698
60세	7,173	1,076	8,249	598	133,544

연봉은 57세를 정점으로 가장 높지만, 이후 임금 피크를 10%씩 적용하게 되면 3년간 10%씩 낮아집니다. 퇴직금은 연봉이 높아지고 근속이 길어지면 계속하여 상승하게 됩니다. 그렇지만, 58세에 임금 피크가 적용되므로, 임금이 줄어들기 전에 퇴직연금을 DB에서 DC로 전환해야 퇴직금 수령 시 손실이 없게 됩니다. 퇴직 시에는 법정 퇴직금을 당연히 받겠지만, 이 역시 근속에 따라 지속 상승하므로 총 보상액을 계산할 때 함께 고려하는 것이 합리적입니다.

퇴직 연령에 따라 누적 보상액은 생각보다 크게 상승하는 것을 알 수 있습니다. 현재 50세인 근로자가 임금 피크가 적용되는 58세가 되기 직전에 퇴직한다면 회사에서 지급해야 할 보상 누적액은 10억3천만원 정도이며, 정년까지 근무를 하게 되면 13억 정도를 받게 됩니다. 50세 때 희망퇴직한다면 받게 되는 법정 퇴직금 1억3천만원을 제외하면 50세인 근로자가 57세까지 근무하면 9억원, 60세 11억7천만원을 받게 되는 것입니다.

그림 1-1 **연봉/복리후생비, 퇴직금, 퇴직연령별 누적보상액**

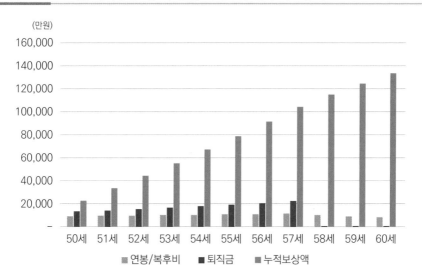

근로자의 세전 수령액 기준이며, 회사에서 지급해야 할 비용은 국민연금, 의료보험, 산재보험, 식대 등 각종 회사 차원의 복리후생비, 사무실 유지 비용, 경영성과급, 정기 보너스 등등 모두 따지면 이것보다는 더 많습니다만 근로자가 받게 되는 금액이 이 정도라는 의미입니다.

- 기본급, 특야근수당, 연차적치보상수당, 퇴직금
- 국민연금, 의료보험, 산재보험, 단체보험 등 각종 보험
- 식대, 교통비, 복지포인트 등 각종 복리후생비
- 상여금, 성과급, 경영성과급
- 사무공간, 사무용품, 유틸리티 등 비용

향후 근로자가 근로의 대가로 받게 되는 누적 보상액, 회사가 근로자 1명을 고용하면서 지급해야 할 총 비용, 그리고 희망퇴직 위로금의 규모를 비교해 보면 희망퇴직 위로금이 결코 로또와 같지는 않을 것입니다.

다만, 이직이나 창업 등 퇴사를 준비하고 있던 시기에 회사에서 희망퇴직을 권하는 경우라면 행운일 수도 있습니다. 다른 회사로 입사가 결정되어 회사에 어떻게 이야기해야 할지 고민하고 있던 차에 희망퇴직 위로금까지 주면서 나가라고 하면 정말 로또를 맞은 느낌일 것입니다. MZ세대 또는 이직이 용이한 대상자의 경우, 희망퇴직 대상자로 선정된 후 바로 구직 활동을 하여 짧은 기간 내에 좋은 조건의 이직처를 구하는 분들도 있습니다. 떠날 때까지 회사 내에서 그런 이야기를 하지 않지만, 몇 달 지나지 않아 페이스북이나 링크드인에서 소식을 접하는 경우도 있어 회사로서는 속이 쓰릴 수 있을 것 같습니다.

희망퇴직 위로금은 회사가 근로자와의 근로계약을 조기에 종결하기 위해 지급하는 합의금입니다. 이는 현 직장에서 근로를 계속할 때 받을 수 있는 모든 보상을 희망퇴직 위로금으로 대체하는 것이며, 이 합의금으로 퇴직 후 회사를 상대로 어떠한 민사, 형사상 이의를 제기하지 않겠다는 서명을 하게 됩니다.

희망퇴직 위로금이 아무리 많아 보이더라도 그 금액은 정년퇴직까지 받을 수 있는 모든 보상보다 낮게 책정됩니다. 임금피크제를 실시하는 회사의 근로자라면 임금피크 적용 전후의 시기가 그나마 근로자의 손실을 가장 적게 만드는 희망퇴직 연령이 될 것입니다.

근로자 수령액 관점이 아니라 회사에서 지급해야 할 비용의 관점에서 보면,

회사의 지출은 더욱 커집니다. 회사에서 지급해야 할 고정 인건비와 인건비성 변동 비용을 합친 금액에 대비해 보면, 희망퇴직 위로금은 더 낮은 금액입니다. 회사 입장에서는 붙잡고 싶은 인재가 나가는 것만 아니라면 희망퇴직은 남는 장사처럼 보입니다.

여기에 근로자가 상실하게 될 사회적 지위, 소속감, 인적 네트워크 등 비금전적 보상까지 고려한다면, 희망퇴직 위로금은 근로자에게 절대적으로 불리한 계약해지 합의금이므로 로또일 수는 없습니다. 일시불로 상당한 금액을 받을 때 로또처럼 보일 수 있지만, 이는 희망퇴직을 미리 준비해 온 분들에게 해당되는 것입니다.

그렇지만, 대부분의 희망퇴직 대상자들은 퇴직 준비가 되어 있지 않습니다. 준비되지 않은 희망퇴직이 권고사직으로 진행되는 상황을 많은 분들이 겪게 됩니다. 자녀학자금, 납입 기한이 남은 각종 보험, 대출 등 금전적인 재정 문제, 경력과 관련된 문제, 직장을 그만둔 이후의 가정생활 유지 문제, 개인적/전문적/사회적 네트워크의 파괴, 심리적 스트레스와 불안감 등 한꺼번에 여러 가지 의도하지 않았던 복합적인 상황을 직면해야 합니다. 갑작스럽게 찾아온 준비되지 않은 희망퇴직이지만, 주위를 둘러보면 이런 상황에 놓여 있거나 겪었던 많은 분들이 계십니다. 준비되지 않았다 하더라도 희망퇴직의 대상자가 된 상황에서는 증폭된 감정과 복잡한 상황에서 벗어나 좀 더 합리적이고 이성적으로 판단하고 결정하는 것이 현실적일 것입니다.

④ 희망퇴직을 준비해야 하는 나이

▌ 50대, 무조건 희망퇴직을 준비해야 하는 나이

희망퇴직을 실시하는 기업들을 조사하다 보면, 나이 50이 넘으면 어느 기업이든 희망퇴직 대상자가 될 가능성이 큰 것 같습니다. 2023년 통계청에서 발표한 '고령층 부가조사 결과'에 따르면 평균 퇴직 연령은 법정 정년인 60세보다 훨씬 낮은 49.4세라고 하니, 나이 50이 넘어 희망퇴직 대상자가 되는 것은 특별한 일이 아닌 것처럼 보입니다.

또한, 55~64세 취업 경험자 중 가장 오래 근무한 일자리(평균 근속 15년 8개월)를 그만둔 이유로는 정년퇴직이 8.5%, 권고사직, 명예퇴직, 정리해고가 11.3%, 사업부진, 조업중단, 휴폐업이 30.2%로 비자발적 퇴직이 전체의 50%를 차지하며, 남자의 경우 65.4%에 이르는 것으로 나타났습니다. 반면, 건강, 가족 돌봄 등을 제외한 순수한 의미에서 자발적 퇴직인 "그만둘 나이가 됐다고 생각해서" 그만둔 사람들은 전체의 2.7%에 불과합니다. 고령층의 경우 대부분의 사람들이 심리적으로 비자발적 퇴직을 하고 있다고 해석해도 될 듯합니다.

그림 1-2 가장 오래 근무한 일자리를 그만둔 이유

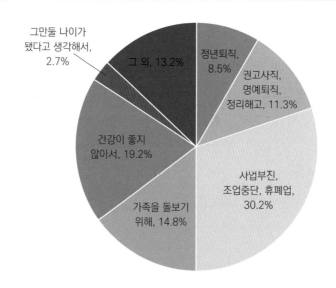

표 1-2 가장 오래 근무한 일자리를 그만둔 이유

항목	전체	남	여
정년퇴직	8.5%	13.6%	4.1%
권고사직, 명예퇴직, 정리해고	11.3%	16.6%	6.7%

사업부진, 조업중단, 휴폐업	30.2%	35.2%	25.8%
가족을 돌보기 위해	14.8%	1.5%	26.6%
건강이 좋지 않아서	19.2%	15.8%	22.3%
그만둘 나이가 됐다고 생각해서	2.7%	1.9%	3.4%
그 외	13.2%	15.5%	11.2%

출처: 2023년 5월 경제활동인구 고령층 부가조사 결과, 통계청

2 30대는 안심해도 될까!

최근 희망퇴직은 20대, 30대 등 연령을 가리지 않고 실시되는 경향을 보이고 있습니다. 50세 이상은 당연히 포함되며, 기업의 사정에 따라 대상자가 45세로 확대되거나 때로는 30세까지 연령이 내려가기도 합니다. 더 심한 경우 근속 5년 이상 또는 입사 1년 미만의 사원들까지도 포함하는 경우도 있습니다. 예를 들어, 2023년 신한은행은 희망퇴직을 시행하면서 40대 이하의 직원들도 대상으로 하였고, 2024년 11번가는 전 직원 대상 희망퇴직을 진행하였으며, LG화학은 근속 5년 이상이면 희망퇴직을 신청할 수 있도록 했고, 한국전력공사는 입사 3년 차 미만을 제외하고는 희망퇴직 신청을 할 수 있도록 했습니다.

50세 이상은 그나마 마음의 준비를 해왔겠지만, 막상 닥치면 준비가 부족하다고 느끼는 경우가 많습니다. 30대라면 설마 하는 마음으로 아무런 준비를 못한 경우가 많이 있습니다. 희망퇴직 대상자로 통보받고 나면 회사의 방침과 회사를 이 지경으로 만든 경영자들의 책임을 묻지만, 그렇다고 별다른 수가 있는 것은 아닙니다. 그래도 다행인 것은 30대는 노동시장에서 충분히 재취업할 수 있는 연령대이며, 어떤 분들은 더 높은 연봉으로 이직에 성공하기도 합니다. 30대는 50대에 비해 좀 더 쉽게 위기를 기회로 바꿀 가능성이 높습니다.

3 희망퇴직 준비하기

희망퇴직은 기회일 수도 있고, 위기일 수도 있습니다. 위기의 순간을 기회로 만들어야 하지만, 무엇을 해야 할지 막막한 경우가 많습니다. 회사에서 희망퇴

직 대상자로 통보받은 분들은 준비할 시간이 부족한데, 당장 무엇을 어떻게 준비해야 할지 모르는 경우가 많습니다. 또한, 아직 희망퇴직 대상자는 아니지만 미래에 닥칠지도 모르는 상황을 대비하려고 무언가 준비해야겠다고 생각하는 분들도 있습니다. 이들이 준비하고 있는 내용을 들여다보면 주식, 코인, 부동산 등 금융 투자를 열심히 하고 있지만 실수익이 크지 않은 경우가 많습니다.

희망퇴직을 당면한 분들에게 당장의 생존에 도움이 될 수 있도록 돕고자 합니다. 희망퇴직에 따른 감정의 변화를 이해하고 통제하는 법과 자기 돌봄 방법, 희망퇴직 유형별 협상 전략, 희망퇴직 위로금의 이해, 회사의 보상 조건 협상, 퇴직 절차와 유의점, 퇴직소득세 등 세금 계산과 정부 지원 프로그램 등 희망퇴직과 관련된 다양한 주제를 다루고자 합니다. 그리고 희망퇴직이 아직은 먼 미래의 이야기일 수도 있지만, 준비할 시간이 넉넉한 분들에게는 주도적인 조용한 퇴사 준비, 경력 전환을 위한 커리어 플랜 수립, 중장기 재정 계획 등 계획적인 준비가 필요합니다. 이제는 상시화된 희망퇴직의 시대에 조금이라도 도움이 될 수 있는 것들을 정리해 보고자 합니다.

chapter

02

희망퇴직 이해하기

제2장
희망퇴직 이해하기

---

1 기업이 희망퇴직을 실시하는 이유

▌1 구조조정의 일반적인 이유

희망퇴직은 일종의 선제적 구조조정에 해당하는 경영활동의 방식으로서 많은 기업들이 경제적 부담을 줄이고 조직의 효율성을 높이려는 목적으로 자주 사용하는 전략입니다.

기업이 희망퇴직을 실시하는 이유는 경제적, 사회적, 기술적 요인 등이 복합적으로 작용합니다. 글로벌 경제의 불확실성과 경쟁 심화는 기업들에게 비용 절감과 조직의 유연성을 증대시키는 방향으로 구조를 조정하도록 요구합니다. 이 과정에서 인력 감축 또는 선순환이 필수적인 선택지 중 하나로 고려되며, 희망퇴직은 정리해고에 비해 상대적으로 부드러운 방식으로 인력을 조정하는 수단으로 활용됩니다.

기술의 급속한 발전과 디지털 전환은 많은 직업과 업무 방식에 변화를 강요해 왔으며, 변화에 적응하지 못하는 기업들은 쇠퇴하거나 도태되어 왔습니다. 이러한 변화는 기존의 업무가 사라지거나 새로운 업무 형태가 생겨나면서, 기업과 직원 모두에게 새로운 적응을 요구하고 있습니다. 희망퇴직은 이러한 기술적 변화에 따른 직업적 전환의 과정에서 새로운 기술과 필요한 역량을 보유한 인적 구조로의 선순환을 위한 중요한 역할을 합니다.

인구 고령화와 같은 사회적 변화도 희망퇴직의 증가에 영향을 미칩니다. 다른 선진국들과 같이 한국에서도 인구 고령화는 심각한 사회적 현상으로 대두되고 있으며, 이는 고령 직원들의 조기 퇴직을 촉진하는 요인 중 하나입니다. 고령 직원들이 희망퇴직을 통해 조기에 직장을 떠남으로써, 기업은 인력 구성을 젊은 세대로 재편하고, 새로운 기술과 아이디어를 도입할 수 있는 기회를 가질 수 있으며 이를 통해 사업의 지속가능성을 높여 갈 수 있게 됩니다.

2 경영실적이 안 좋을 때

경영실적이 악화될 때는 재정 안정화, 위기 관리, 재활성화, 신뢰 유지 등의 이유로 희망퇴직을 실시합니다. 23년과 24년 희망퇴직을 실시한 11번가, 이마트, 롯데백화점, 엔씨소프트 등 많은 기업들의 사례들을 분석해 보면 전년도의 경영실적, 수익의 악화가 가장 중요한 원인으로 나타나고 있습니다.

회사가 희망퇴직을 실시하려는 배경을 이해하면 직원의 입장에서 희망퇴직의 시기를 좀 더 객관적이고 합리적으로 예측할 수 있게 됩니다. 미리 예측하고 준비할 수 있다면, 희망퇴직을 단순히 수용할 것이냐 수용하지 않을 것이냐의 차원에서 이를 어떻게 활용할 것인가 하는 관점까지 좀 더 넓혀 나갈 수 있을 것 같습니다

경영실적이 안 좋을 때 실시하는 희망퇴직의 이유

- **비용 절감**: 고정비성 비용인 인건비와 복리후생비 감축을 통해 재정적 안정화 추진
- **경영 위기 관리**: 단기간 내 급격한 인력 감축을 통해 수익 감소에 신속히 대응
- **전략적 자원 재분배**: 불필요한 자원을 재분배하여 전략적 투자에 집중
- **이해관계자와의 신뢰 유지**: 위기 상황에서 결단력 있는 조치를 통해 투자자와 이해관계자의 신뢰 유지

3 경영실적이 좋을 때

많은 기업들이 위기를 극복하고 생존을 지속하기 위해 비교적 보편적으로 희망퇴직 프로그램을 활용하고 있습니다. 인적 구조조정은 경영실적이 악화되

거나 사업구조조정의 시기가 아니더라도 실시하는 기업들이 있습니다.

메리츠화재는 23년 역대 최대의 실적을 기록했지만, 올해 30세 이상 직원을 대상으로 희망퇴직 신청을 받는다고 공지를 했으며, LG전자는 사업성과가 나쁘지 않더라도 매년 희망퇴직 또는 유사 프로그램인 Bravo My Life를 실시하고 있습니다.

고연령 고직급의 역피라미드 인적구조에서 발생하는 인사 적체 해소, 인력 선순환 그리고 우수 인재 영입을 통한 조직 쇄신 차원에서 진행되고 있는 것으로 생각됩니다. 이렇게 진행되는 희망퇴직은 강압적 방식보다는 희망자를 신청받아서 진행되기 때문에 조직 내 심각한 이슈가 발생하지 않게 됩니다. 또한, 경영상황이 좋아서 재정적으로 여유가 있을 때 자발적으로 퇴직을 희망하는 직원들에게 삶을 재설계할 수 있는 기회를 주는 것은 기업이 사회적 책임을 다하는 모습이기도 합니다.

은행권의 경우 실적 개선과는 관련 없이 매년 희망퇴직을 실시하고 있습니다. 은행은 디지털 혁명이 가장 쉽게 적용될 수 있는 산업입니다. 최근 365와 같은 무인 점포가 늘어나고 있고, 유인 점포는 계속하여 줄고 있으며, 모바일 등 온라인을 통해 은행 서비스를 사용하는 고객이 계속 증가하고 있습니다. 은행의 미래는 BaaS(Banking as a Service)로 말할 수 있습니다. 서비스로서의 은행이라는 의미인데, 핀테크 기술의 발달로 은행과 핀테크 간 무한 경쟁이 시작되는 금융 생태계의 변화가 진행되고 있습니다. 은행권은 실적과 관련 없이 금융 생태계의 변화로 인해 생존 차원에서 인원 구조조정을 지속해야 하는 상황이 발생하고 있으므로 실적이 좋더라도 강압적으로 시행되는 사례가 언론에 노출되고 있습니다.

- 변화하는 미래 대비: 시장 변화와 기술 발전에 대비해 필요한 인력 확보
- 조직 운영 효율성 향상: 조직 내 중복된 기능과 무임승차 인원을 제거를 통한 조직의 효율성 제고
- 인재 충원: 새로운 기술과 아이디어를 가진 인재 영입을 위한 TO 확보
- 선제적 경영: 지속적인 성장과 경쟁력을 유지하기 위한 조직 정비

4 구조조정이 기업과 개인에 미치는 영향

희망퇴직은 개인과 회사 양측 모두에게 중요한 영향을 미칩니다. 희망퇴직의 결정은 다양한 긍정적, 부정적 영향을 미치게 되며, 이를 이해하는 것은 희망퇴직을 고려하는 데 있어 중요합니다.

회사의 관점에서는 희망퇴직을 통해 고정비성 비용인 인건비의 절감과 변화된 조직 내외의 환경에 맞게 조직을 재구성할 수 있고, 인력의 선순환을 위한 여유를 확보하게 되는 장점들이 있습니다. 그렇지만, 회사의 무한한 인적자원으로서 희망퇴직자들이 보유해 왔던 기술과 경험을 잃게 되며, 조직 전체 구성원들의 불안감과 사기저하로 이어지게 되고, 희망퇴직 위로금, 재취업 지원비 등 상당한 비용을 지불해야 합니다. 기업 입장에서는 핵심인재와 젊은 우수인재, 조직 운영에 꼭 필요한 필수인력을 잃지 않으려고 하지만, 막상 희망퇴직이 진행되면 이들의 이탈이 발생하게 됩니다. 또한, 불안정한 조직 분위기는 희망퇴직 이후 젊은 우수인재와 핵심인재를 중심으로 자발적 이직의 2차 여파가 형성되어 이들을 잡기 위한 별도의 노력을 해야 합니다.

희망퇴직의 대상이 되는 직원에게는 마른 하늘에 날벼락 같은 상황이 될 수도 있고, 새로운 시작의 기회를 제공하기도 합니다. 새로운 시작의 기회라는 표현은 희망퇴직의 긍정적인 면을 중심으로 적극 해석했을 때의 표현입니다. 그렇지만, 성공적인 새로운 시작이 되기까지는 매우 힘든 과정을 거쳐야 하고 성공확률도 높지 않습니다. 이러한 이유로 개인에게 있어 희망퇴직이라고 하면

부정적인 이미지부터 먼저 떠오르는 것 같습니다.

많은 기업들이 위기를 극복하고 생존을 지속하기 위해 비교적 보편적으로 희망퇴직 프로그램을 활용하고 있습니다. 그렇지만, 개인의 입장에서는 희망퇴직의 대상이 되어 이를 몸으로 직접 겪게 되는 경우는 직장 생활을 하는 중 1~2번 정도이면 많이 겪는 것일 겁니다. 직접적인 대상은 아니더라도 주위 동료가 그러한 대상이 된 것을 보거나 회사에서 상시 제도로 운영하고 있다면 희망퇴직을 간접적으로 경험하고 고민하게 됩니다.

희망퇴직의 직접 대상이 되지 않는 한 나하고는 먼 이야기라고 생각하는 분들이 많은 것 같습니다. 희망퇴직이라는 것이 우리 주변에 매우 흔하므로 개인의 입장에서 본인과 가족의 삶, 그리고 다음 경력 전환을 위해 미리 희망퇴직에 대한 관점과 어떻게 대처할 것인지를 미리 검토해 둘 필요가 있다고 생각합니다.

개인의 관점에서 희망퇴직은 개인의 삶과 경력에 큰 분기점이 되며, 영향력이 더욱 크므로 좀 더 자세히 살펴볼 필요가 있겠습니다.

2 준비된 희망퇴직이 가져다 주는 기대들

1 조용한 퇴사(Quiet Quitting)

생각보다 많은 사람들이 '조용한 퇴사'를 진행 중입니다. 희망퇴직을 기다려왔고, 또 목돈을 활용하여 새로운 출발을 하기 위해 준비 중인 분들이 있습니다.

> 50대 초반의 엔지니어 한 분이 저에게 머뭇거리면서 조심스럽게 말을 걸어 오셨습니다.
> "작년에는 4월에 희망퇴직을 신청받았습니다. 이번에는 언제 시행하나요?" 하고 물었던 적이 있습니다.
> 저는 "현재 계획이 없습니다."라고 답변을 드렸습니다.
> 그는 "직원들이 계획을 세울 수 있도록 정기적으로 시행되어야 하지 않느냐"라고 실망감을 내비치면서 조금은 따지는 듯한 말씀을 해 주셨습니다.

그는 희망퇴직의 의향이 있었지만, 사직을 하지 않고 다음해의 희망퇴직 발표가 있을 때까지 기다렸던 것입니다. 요즈음 말로 MZ세대들에게 퍼져있는 '조용한 퇴사(Quiet Quitting)'를 준비하고 있었던 것입니다.

일부 사람들에게 희망퇴직이 보편적으로 시행되는 상황은 새로운 기회가 되기도 합니다. 일시불로 받는 재정적 보상이 매력적이고, 회사의 희망퇴직이 시행될 때까지 조용히 준비할 수 있는 심리적 여유를 확보할 수 있습니다.

현재의 직장을 퇴사할 즈음에는 진지하게 자신의 삶을 회고하고 미래의 모습을 설계해 볼 수 있는 기회가 됩니다. 단순히 수입원으로서 회사의 역할과 경력 관점을 넘어 전반적인 재정 상태의 점검, 삶에 대한 관점과 가치관, 대인 관계, 배우자와 가족 등 삶에 중요한 영향을 미치지만 잊고 있었던 것들을 돌아보고 다시 꿈을 꾸면서 설계해 볼 수 있는 기회라고 생각할 수도 있겠습니다.

이러한 과정을 통해 그동안 잊고 있었던 진정 원하는 삶을 다시 설계하고 실행으로 옮겨 볼 수 있는 새로운 기회를 제공할 수 있습니다. 희망퇴직은 새로운 경력 기회를 탐색하거나, 개인적인 관심사나 취미에 더 많은 시간을 할애할 수 있는 기회를 제공할 수 있습니다.

2 보상에 대한 기대와 현실적 판단

희망퇴직을 실시하는 기업들은 종종 법정 퇴직금 외에 희망퇴직 위로금, 전직지원금, 창업지원금 등 여러 가지 명목으로 규모의 차이는 있지만, 매력적인 보상 조건을 제시하는 사례가 많이 있습니다.

정년까지 근무한다면 지급해야 할 인건비의 일부를 보상금으로 준비하여 지급하기 때문에 단기적으로 큰 금전적 보상을 받을 수 있으며, 이를 활용할 수 있습니다. 희망퇴직에 따른 추가적인 금전적 보상을 통해 퇴직 후의 경력 개발 전환을 위한 일정 기간 동안 경제적 안정성을 확보할 수 있게 됩니다.

일시에 받는 목돈을 잘 활용하여 재정적인 안정, 창업 또는 돈을 불릴 목적으로 투자를 고민하는 사람들이 많이 있습니다. 이 돈은 경력 전환을 위해 필요 비용을 확보했다는 관점에서 일정 부분을 자신에게 재투자한다는 생각을 가질 필요가 있겠습니다. 전문 자격 취득을 위한 교육비, 창업 준비를 위한 사전 조사 비용, 투자비, 전문가 자문료, 관심 있는 업종의 전문가들과의 사회적 네트워크 참여 비용 등 성공적인 경력 전환을 위해 일정 자금은 꼬리표를 붙여 놓는 것도 좋은 방법이라고 생각합니다.

희망퇴직의 보상 조건을 고려하더라도 그냥 현 직장을 다니는 것이 좋겠다는 판단이 섰다면 희망퇴직 대상자에서 벗어날 수 있는지를 판단해야 합니다. 희망퇴직 대상자에서 벗어날 수 있는 이유를 정리한 후, 직속상사, 차상위자, 임원 등 상사들과 인사 담당자와의 면담과 협상을 위한 전략을 수립해야 합니다. 회사가 사용할 수 있는 카드를 알면 도움이 될 텐데, 이에 대해서는 '6장 희망퇴직 보상 조건 협상하기'에서 다루어 보겠습니다.

희망퇴직이라는 현실적인 상황을 받아들이고, 나와 나의 가족을 위해 조금이라도 더 도움이 될 수 있는 방향으로 준비를 해야 합니다. "현실적으로 좀 더 나은 조건을 어떻게 받아 낼 것인가, 성공적인 경력 전환을 어떻게 재설계할 것인가"의 관점으로 전환을 해야 하는데, 감정의 통제가 어려운 시기인지라 더 나은 조건을 받아 낼 수 있는데도 기회를 살리지 못하고 기본 조건대로 희망퇴직이 진행되는 사례들이 있습니다.

퇴사를 한다는 것은 인생의 커다란 변화가 생겼다는 것을 의미하며, 변화는 갈등과 저항을 만들어 냅니다. 준비되지 않은 희망퇴직이라면 심리적 갈등, 내면에서의 저항과 가족의 스트레스는 더욱 극심할 것입니다. 그렇지만, 잠깐 크게 호흡하고 감정을 추스려서 현재의 상황을 냉정하게 본다면, 회사가 이렇게 나올 것으로 알고 있었던 경우가 많이 있습니다.

회사의 위기설은 이미 상당히 오래전부터 나왔고, 정리해고나 희망퇴직 등 어떤 형태로든 구조조정에 나설 것이라는 이야기도 광범위하게 루머의 형태로 퍼져 있어서 이미 사원들이 인지하고 있는 경우가 대부분입니다. 돌이키기에는 쉽지 않은 상황이 되었고, 희망퇴직을 벗어나기 어렵다는 판단이 선다면 나와 나의 가족을 위해 감정의 증폭 상태를 벗어나서 판단하고 행동해야 합니다. 어느 때보다 차가운 머리와 뜨거운 가슴이 필요하다는 말이 더욱 적절할 것 같습니다.

다른 한편으로 보면 희망퇴직의 대상자별로 차이가 있을 수 있지만, 정리해고보다는 심리적으로 덜 충격적이라는 것에 조금이라도 위안을 삼을 수 있을지 모르겠습니다. 희망퇴직은 경영사정에 의한 퇴직이므로 자발적 퇴직과 다르게 여러 가지 사회적 장치의 도움을 받을 수 있습니다. 희망퇴직 프로그램은 발표되고 나서 1~3개월 이내에 마무리되지만, 구직 또는 창업까지 회사의 전직 프로그램과 정부에서 제공하는 다양한 제도를 활용할 수 있습니다. 고개를 돌려 주위를 한번 돌아볼 여유도 필요합니다.

희망퇴직의 대상자에서 벗어나서 현 직장에 그대로 근무를 하든, 희망퇴직을 하여 새로운 경력 전환을 강제로 해야 하는 상황이 되든 간에 이를 부정적으로만 생각한다면 결국 나만 손해인 상황이 됩니다. 보다 긍정적인 관점에서 살아온 인생, 직장 생활, 내가 원했던 삶, 가족의 행복 등을 돌아보고 다시 미래를 설계하는 시기로 삼는 것이 좋겠습니다. 부지런히 쉬지 않고 달려 온 인생에 있어 잠시 쉼표를 찍는다는 마음의 준비 상태가 더욱 중요한 것 같습니다.

③ 희망하지 않는 퇴직이 가져다 주는 두려움

준비되지 않은 갑작스러운 퇴직을 하게 되면 경제적 불안감, 재취업의 두려움, 그동안 쌓아왔던 인맥 등 사회적 자본의 상실 등과 같은 여러 가지 두려움이 생깁니다. 현 직장 정도의 소득 수준을 받을 수 있는 직장에 재취업한다면 경제적 불안감은 어느 정도 해소될 것 같습니다. 노동시장의 현실을 들여다보면 성공적인 재취업이 그렇게 쉬운 것은 아닙니다.

🔢 재취업의 현실

재취업은 노동시장의 영향을 많이 받습니다. 또한, 좋은 포지션이 노동시장에 나왔다고 하더라도 개인이 가지고 있는 직무 역량과 성격·성품 등 개인의 특성에 의해 당락이 결정됩니다. 한국 노동시장에서 40대 후반과 50대라면 생각한 것보다 재취업이 어려우며, 특히 고령의 퇴직자에게는 더 큰 시련이 될 수 있습니다. 한국경제연구원에서 22년 1월 '중·고령층 재취업의 특징 및 요인 분석과 시사점'에 대한 연구를 발표하였습니다.

표 2-1 연령별 고용형태별 재취업률(%)

퇴사 연령	5년 내 미취업	1년 내 재취업			2~3년 내 재취업			4~5년 내 재취업		
		정규직	비정규직	자영업	정규직	비정규직	자영업	정규직	비정규직	자영업
25~34세	13.2	41.3	13.6	10.4	7.9	5.3	2.5	2.2	2.5	1.2
35~44세	7.5	31.7	23.9	19.2	5.2	6	2.9	0.9	2	0.8
45~54세	12.8	22.9	25.8	17.6	3.6	9.2	3.6	0.7	2.9	1
55~64세	26.9	11.1	25.6	13.3	2.9	11.1	3.3	0.5	4.1	1.2
65~74세	44.6	4.3	19.8	10.7	0.3	12	2.9	0.1	4.5	0.8
25~54세	11	32.5	20.8	15.7	5.7	6.7	3	1.3	2.4	1
55~74세	32.4	9	23.8	12.5	2.1	11.4	3.2	0.4	4.2	1

출처: 한국경제연구원

이 연구 보고서에 의하면 중고령층이 퇴사를 하면 정규직으로 재취업하는 비율은 9% 수준이며, 재취업 일자리의 질은 낮은 것으로 조사되었습니다. 또한, 중고령층이 정규직 재취업에 성공할 가능성은 고학력자, 직업훈련교육 참여자, 남성, 퇴사 시 임금 근로자로 일했을 때 높아진다고 하면서, "정규직 재취업 확률은 초대졸 이상일 경우 고졸 이하보다 65.6%, 직업훈련 참여자는 비참여자보다 약 43.0% 증가하는 것으로 분석되었다."라고 발표하고 있습니다.

표 2-2 주요 요인들이 중·고령층 재취업에 미치는 영향

주요 항목	정규직 재취업 확률	비정규직 재취업 확률	자영업 재취업 확률
연령 (만 나이 1세 증가 시)	17.9% ↓	11.3% ↓	10.6% ↓
성별 (남성 대비 여성)	29.4% ↓	비유의적	비유의적
교육수준 (고졸 이하 대비 초대졸 이상)	65.6% ↑	45.4% ↓	39.1% ↓
직업훈련 (미참여자 대비 참여자)	43.0% ↑	비유의적	32.6% ↑
거주형태 (전월세, 기타 대비 자가)	비유의적	비유의적	34.0% ↑
자산소득 여부 (없음 대비 있음)	비유의적	21.0% ↓	비유의적
부채 여부 (없음 대비 있음)	45.9% ↑	14.4% ↑	62.8% ↑
퇴사 시 취업형태 (임금근로자 대비 비임금근로자)	59.7% ↓	51.2% ↓	133.4% ↑

44세 이하라면 정규직, 비정규직, 자영업 등 어떤 식으로든 재취업의 가능성은 높지만, 노동시장에서 수요가 높은 전문성이나 필요한 역량을 충분히 학습하지 않았거나 노동시장의 여건이 좋지 않다면 양질의 일자리에 재취업하는 것은 쉽지 않을 수 있습니다.

2 경제적 불안감에 대한 두려움

희망퇴직의 대상자가 되는 시점부터 성공적인 경력 전환 전까지 소득절벽이라는 경제적 불안감과 스트레스에 시달릴 수 있습니다.

50대 초중반에 희망퇴직을 하는 경우, 국민연금을 받게 되는 시기까지 10년에서 15년 정도는 소득절벽 구간이 발생하게 됩니다. 개인연금, 대출원리금 상환, 자녀학자금, 의료보험 등 재정 계획이 부족한 경우에는 퇴직금과 희망퇴직 위로금에 기댈 수밖에 없으며, 위로금의 보상이 충분하지 않을 때 경제적 불안정으로 인한 두려움은 더욱 크게 다가오게 됩니다. 어떤 식으로든 소득절벽 구간을 버텨 나가기 위해서는 재취업이나 창업을 할 수밖에 없는 상황이지만, 재취업과 창업의 성공이 그렇게 쉽지 않습니다.

퇴직 후 연령, 전문성 등 개인의 상황에 따라 기대 수입이 다르겠지만, 1~3년 정도의 기간 내에서 기대 수입을 얻을 수 있도록 경제적 활동을 해야 합니다. 이 기간에는 소득이 없거나 대폭 줄어드는 구간이므로 퇴직소득의 일정 부분을 비상금으로 비축해 두어야 생활비와 생각하지도 못했던 지출이 발생할 때를 대비할 수 있습니다.

3 사회적 자본 상실에 대한 두려움

매슬로우[1]는 사람의 욕구를 고차원적인 것에서부터 기본적인 생존의 욕구가 있다고 주장하고 있습니다. 개인 입장에서 직장은 생존의 욕구, 소속감, 자아실현 등 삶의 다양한 욕구를 충족시켜 나가는 가장 중요한 터전 중 하나입니다. 직장은 생계의 수단이기도 하지만, 인간이 가진 욕구를 충족시킬 수 있는 일터, 삶터이기도 합니다. 희망한 희망퇴직이든 희망하지 않았던 희망퇴직이든 직장을 그만두게 되면, 새롭게 얻는 것도 있지만 그동안 직장에서 쌓아왔던 많은 것들을 잃게 됩니다. 매일 출근하여 얼굴을 마주하고, 차를 마시고, 회식을 하고, 나를 필요로 하는 부서, 동료, 거래처들로부터 연락이 오고, 내가 없으면 안 될 것처럼 함께 생활해 왔던 상사, 동료, 후배들과의 일상이 직장을 그만둔 그다음 날부터 갑자기 낯선 환경으로 바뀌게 됩니다.

직장 내에서 업무를 하면서 쌓아왔던 여러 이해관계자들과의 신뢰, 출퇴근 시간 등 지켜야 하는 규범, 사내외의 사회적 인맥 등 사회적 자본들이 한순간에 사라지는 듯한 커다란 사회적 상실감을 경험하게 됩니다. 직장을 그만둔 다음 날부터 간혹 오는 위로 또는 격려의 메시지 외에는 사회적으로 가치 있는 존재로서 '나'에게는 아무런 연락이 오지 않습니다. 8시 또는 9시 등 정시에 출근하려고 노력해 온 습관을 더 이상 유지해야 할 필요가 없는 상황들이 나날이 계속

---

1 매슬로우(Abraham H. Maslow, 1908~1970), 미국의 심리학자이자 철학자, 인간의 욕구를 생리적, 안전, 소속감 및 애정, 존경, 지적, 심미적, 자아실현의 욕구 7단계로 설명한다. 전자의 4개 욕구를 만족과 관련된 결핍의 욕구, 후자의 3개 욕구를 성취와 관련된 존재의 욕구로 분류한다.

됨으로써 자유로움보다는 오히려 낯설고 불안한 일상이 시작되는 경험을 할 수 있습니다.

희망퇴직을 하기 전에 직장인으로서 어렵게 만들어 온 나만의 사회적 자본의 손실을 최소화하고, 계속 이어가기 위한 준비를 해 둘 필요가 있습니다. 인맥의 관점에서 직장 내외의 이해관계자들을 평가하고 분류해서 새로운 관점에서 인맥을 발전시켜 나갈 수 있습니다. 회사를 그만두기 전에 정말 깊고 뭐든지 함께 나눌 수 있는 절친 인맥, 금융/법률/의료 등 여러 부류의 전문가 인맥, 넓고 느슨한 인맥, 관계를 유지하지 않더라도 큰 의미를 주지 않는 관계 등으로 나름대로 인맥을 정리하는 것은 사회적 자본을 유지하는 데 큰 도움이 됩니다.

그림 2-1   사회적 자본으로서 인맥 분류

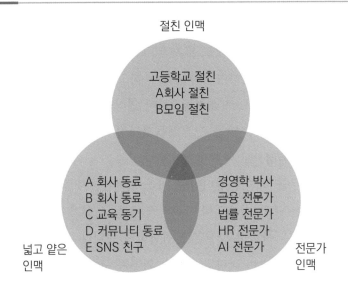

회사를 그만두기 전에 개개인에 대한 고마움에 대한 인사를 나누고, SNS 등 지속적인 관계의 연결고리를 만들어 두면 직장 너머 전 생애의 관점에서 사회적 자본을 스스로 관리할 수 있게 됩니다. 또한, 새로운 경력으로 전환하게 되면 기존과는 다른 사회적 자본이 만들어지게 되는데, 어렵게 쌓아 올린 사회적

자본을 상실하지 않고 계속 유지 발전시켜 나갈 수 있을 수 있도록 관리하는 것이 필요하겠습니다.

이렇게 희망퇴직이 개인에게 미치는 여러 가지 영향을 정리해 보니 희망퇴직을 부정적인 것으로만 볼 것만은 아닌 것 같습니다. 희망하는 퇴직을 잘 준비해 온 사람에게는 기회의 순간이며, 준비가 부족하다 하더라도 피할 수 없다면 위기가 아닌, 기회의 순간으로 바라볼 수 있어야겠습니다. 희망퇴직이 위기의 순간이 되느냐 아니면 기회의 순간이 되느냐 하는 것은 오롯이 '나의 관점과 의지'에 달려 있습니다.

4 희망퇴직 대상자별 유형 이해하기

1 회사와 개인의 욕구에 따른 유형 분류

희망퇴직에 대한 회사의 욕구와 대상자인 직원들의 욕구를 기준으로 유형을 나누어 볼 수 있습니다. 희망퇴직 조건 대상자별 유형을 이해하게 하면 희망퇴직에 대해 좀 더 실질적인 전략을 수립하고 실행할 수 있게 되므로 중요합니다.

희망퇴직이란 회사의 경영상의 이유로 구조조정이 필요할 때 회사가 일정 조건의 희망퇴직 공고를 내면 해당 조건에 맞는 직원들이 자발적으로 퇴직을 신청하게 하고, 회사가 이에 대한 대가로 희망퇴직 위로금 등 특별퇴직금이나 복리후생 혜택 등을 지급하고 자발적으로 합의 퇴직하는 프로그램을 의미합니다. 희망퇴직의 지원 조건에 해당하는 직원은 희망퇴직 신청이 가능하지만, 통상 회사의 심사를 거쳐 승인한다는 내용을 포함하고 있습니다.

이때문에 회사에서 나가줬으면 하는 인재가 신청하는 경우에는 회사에서 쉽게 합의를 하지만, 회사에서 필요로 하는 인재가 신청할 경우 합의가 거부될 수도 있습니다. 대부분의 회사들이 인재를 분류하고 있는데, 직원들은 자신들이 어떤 인재군에 해당되는지 잘 모르는 경우가 많이 있습니다. 막상 희망퇴직이 진행되면 회사와 직원의 욕구가 달라서 희망퇴직이 희망퇴직이 아닌 경우들이 자주 발생합니다.

　고정비 감축을 위해 선제적 구조조정의 방법으로 희망퇴직을 실시하는 기업들은 기업에 필요한 인재와 필요도가 낮은 인재의 기준을 사전에 검토한 후 희망퇴직 대상자의 기준을 발표하고 있습니다. 이 대상자의 기준에 포함되는 직원들도 개인별로 처해 있는 상황에 따라 희망퇴직에 참여하고 싶은 욕구가 달라질 수 있습니다. 기업에서 유지하고 싶은 인재에 대한 욕구와 대상자들이 희망퇴직에 참여하고 싶은 욕구의 두 축을 기준으로 4가지 유형으로 분류를 해볼 수 있습니다.

그림 2-2　4가지 유형의 희망퇴직 대상자

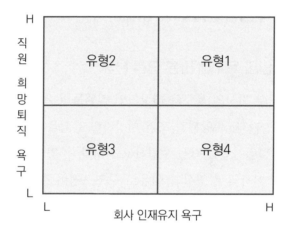

① **회사만류형(개인갈등형) 희망퇴직 대상자 (유형1)**

　회사에서 발표한 기준상으로는 희망퇴직 조건 대상자에 포함되지만, 회사에서는 필요한 인재로 판단하여 붙잡고 싶은데, 직원 개인은 희망퇴직에 참여하고 싶은 경우에 해당합니다. 회사에서 기준을 정할 때 특정 대상자만으로 핀셋으로 찍는 것은 공정성 문제가 발생할 소지가 있으므로 범주를 고민하게 됩니다. 이 과정에서 회사에서 필요로 하는 인재가 포함되는데, 이 인재가 희망퇴직으로 나가겠다고 하는 것입니다. 회사에서는 붙잡고 싶은데 큰 돈을 주고 내보내는 것을 종용하는 상황이 되는 회사 입장에서는 대략 난감한 상황이 됩니다.

직원 개인 입장에서 이 유형에 속한다면 희망퇴직을 하지 않는 조건으로 부수적인 것을 얻을 수 있는 여지가 있을 것 같습니다.

② 희망퇴직형 희망퇴직 대상자 (유형2)

회사에서는 내보내고 싶어 하는데, 희망퇴직 조건 대상자의 기준에 부합하는 직원도 희망퇴직을 원하는 경우로서 상호 원윈이 되는 희망퇴직 유형입니다. 유형2는 개인과 회사의 욕구가 충돌하지 않으므로 심각한 갈등이 발생하지 않습니다. 이는 퇴직 여부에 대한 심각한 갈등이 없다는 의미이며, 보상 조건에 따른 갈등은 계속하여 발생할 수 있습니다. 개인의 입장에서 잃을 것이 없으므로 얻어낼 수 있는 소소한 보상 조건을 고민해 보고 협상을 시도해 보는 것도 좋을 것 같습니다.

③ 권고사직형 희망퇴직 대상자 (유형3)

회사와 개인의 욕구가 가장 심각하게 충돌하는 경우로서 권고사직형 유형입니다. 회사는 내보내고 싶어 하는데, 이 유형에 해당되는 대상자들은 주로 고령자, 저성과자, 철수사업의 직원들입니다. 대상자는 희망퇴직을 하고 싶지 않은 경우로서 회사측에서 근로자에게 사직을 권유하는 권고사직형 형태로 희망퇴직이 진행됩니다.

이는 회사가 직면한 경제적 어려움, 조직의 구조조정 필요성, 또는 기타 운영상의 이유로 인력 감축이 필요할 때 주로 발생합니다. 회사는 직원에게 퇴직금, 추가적인 금전적 보상, 또는 재취업 지원과 같은 혜택을 제안함으로써 자발적인 퇴직을 유도합니다. 그러나 이러한 실제 장면에서는 퇴직을 적극적으로 권유하고 설득하는 면담이 수차례 진행되므로 개인의 입장에서는 권고사직으로 받아들이게 됩니다.

표면적으로는 자발적인 결정인 것처럼 보이지만, 실제로는 대상자인 직원은 회사에 대한 배신감과 분노, 현 상황에 대한 부정과 불안감 등 큰 압박과 스트레스를 경험하게 됩니다. 이 경우는 실제로 선택의 여지없이 희망퇴직을 받아

들여야만 하는 상황에 놓일 수 있습니다. 대상자는 경제적 불안정, 재취업의 어려움, 심리적 스트레스 등의 복합적인 상황 속에 놓이게 되겠지만, 감정적 대처는 도움이 되지 않으므로 회사와 고도의 협상전략을 고민해야만 합니다. 희망퇴직과 관련된 협상 전략에 대해서는 6장에서 다루어 보겠습니다.

4 동기부여형 희망퇴직 대상자 (유형4)

회사도 붙잡고 싶고, 직원도 희망퇴직을 원하지 않은 유형입니다. 이 유형에 해당되는 대상자들은 주로 조직 내 핵심인재, 필수인력, 젊은 인재들입니다. 희망퇴직 대상자의 조건에 포함되지만 회사나 상사는 계속 남아 주기를 기대한다는 면담을 하게 됩니다. 대상자도 계속 근무할 수 있도록 해 준다면 더 열심히 하겠다는 내용 정도로 면담을 종료할 것 입니다.

회사와 개인의 욕구가 충돌하지 않으므로 심각한 갈등이 없어 보이지만, 직원의 입장에서는 대상자로 분류되어서 면담을 하고 있다는 자체만으로도 심리적으로 큰 스트레스를 받게 됩니다. 회사측과 면담이 진행될 때 면담자는 '혹시나 희망퇴직을 하겠다고 하면 어쩌나' 하는 걱정을 하는 꼭 잡고 싶은 인재일 수도 있고, 몇 번 설득해 보고 안 되면 보내는 것으로 판단하고 있는 인재일 수도 있습니다.

피면담자(희망퇴직 조건 대상자)는 첫 번째 면담에서 회사나 상사가 자신을 어떻게 판단하고 있는지 어느 정도 파악할 수 있습니다. 회사에서 정말 자신이 남아 주기를 바란다는 것이 느껴진다면, 자신의 가치를 높게 판단하는 것입니다. 개인의 입장에서 회사 잔류 시에 얻어낼 수 있는 보상 조건을 고민해 보고 협상을 시도해 볼만합니다.

2 시간의 흐름에 따른 유형의 변화

희망퇴직 조건 대상자를 편의상 유형을 4가지로 나누었지만, 이 유형은 고정된 것이 아니며, 시간의 흐름에 따라 유동적으로 변화될 수도 있습니다. 희망퇴직의 규모가 회사가 기대했던 것보다 지나치게 작거나 크다면 유형2와 유형4

도 유형1과 유형3으로 변경될 수도 있습니다. 개인의 입장에서도 처음 마음과 나중의 마음이 바뀔 수 있기 때문에 유형은 희망퇴직이 진행되는 동안 유동적인 것으로 이해하고 여러 가지 가능성을 탐색하는 것이 보다 현실적입니다.

희망퇴직이 진행되면서 회사의 욕구와 개인의 욕구에 변화가 생기면 유형이 바뀔 수 있기 때문에 희망퇴직의 기간은 회사도, 개인도 모두 혼란기에 접어들게 됩니다. 희망퇴직이 마무리될 때까지는 긴장감을 가지고 진행상황을 지켜볼 필요가 있습니다. 본인이 회사만류형(유형1)과 권고사직형(유형3)에 해당된다면 회사와 고도의 협상전략이 필요할 수 있습니다.

희망퇴직 조건 대상자의 네 가지 유형을 통해서 짐작해 볼 수 있겠지만, 희망퇴직의 조건 대상자가 되었다고 하더라도, 막상 희망퇴직을 지원하고 나면, 회사가 희망퇴직을 합의해줄 수도 있고, 회사로부터 거부될 수 있습니다. 어느 쪽이든 개인의 입장에서는 삶과 경력에 있어 중요한 영향을 미치므로 본인이 어떤 유형에 속하는지를 알고 희망퇴직 면담 준비와 이후의 계획을 검토할 필요가 있습니다.

희망퇴직원을 제출하기 전에 근로자가 반드시 숙지해야 할 사항이 있습니다.

> 퇴직원을 제출한 후 회사가 승인을 했다면, 근로자가 퇴직 의사를 철회할 수 없습니다.

직원이 희망퇴직을 신청하여 회사가 승인을 했다면, 직원의 마음이 바뀌어 희망퇴직을 철회하고 싶다고 하더라도 회사에서 승인을 해 주지 않으면 철회가 되지 않습니다. 개인의 입장에서 모든 계산을 끝낸 후 퇴직원에 서명을 하고 제출을 해야 나중에 낭패를 당하는 경우가 없게 됩니다.

이러한 상황을 고려할 때, 희망퇴직의 과정은 투명하고 공정해야 하며, 직원의 권리와 복지를 최대한 보호하는 방향으로 진행되어야 한다고 생각합니다. 그렇지만, 회사와 개인은 희망퇴직에 있어 정보의 비대칭[2]으로 인해 상대적으

---

2 정보의 비대칭: 경제 행위의 거래 당사자 간 가진 정보의 양이 다른 경우를 말하는 것이다. 이로 인해 가장 바람직하지 않은 상대방과 거래를 하게 될 가능성과 정보를 잘 알고 있는 측이

로 정보가 부족한 개인이 불리한 위치에 놓이게 됩니다. 회사가 알아서 해 주겠지 하는 소극적인 태도가 아닌 보다 적극적으로 협상에 임해서 주도권을 조금이라도 가져올 수 있는 상황으로 만들기 위한 노력을 하여야 합니다. 이를 위해 자신의 삶과 경력을 보호하기 위해 개인이 누릴 수 있거나 요구할 수 있는 것들에 대한 법적인 보호 장치와 재무적인 사항들에 대한 지식과 사례들을 이해하고 활용할 필요가 있습니다.

때로는 회사, 상사, 인사 담당자를 상대로 소송을 걸겠다는 공격적 협박과 비방적인 언행, 과거 자신의 찬란한 업적 자랑, 생활고를 해결하기 위해 보상을 더 달라는 식으로 면담하는 분들이 있습니다. 많이 답답하니까 이런 모습을 보이는 것이라고 이해는 하지만, 실제 협상의 결과는 본인에게 긍정적인 것은 별로 없습니다. 자신의 상사와 인사 담당자, 사원 대표, 노동조합 등 이해관계자들을 적으로 돌아서게 하지 말고 자신을 위해 소소한 것이라도 좀 더 챙겨줄 수 있는 지원자로 만들 필요가 있습니다.

희망퇴직은 회사와 직원 개인 간 합의 퇴직이므로 일종의 협상으로도 볼 수가 있습니다. 따라서 희망퇴직의 조건이 된다면 어떤 유형에 속하든 회사와 어느 정도는 협상의 여지가 있을 수 있으므로 희망퇴직을 신청하기 전에 상대방의 패와 내가 가진 패를 기반으로 협상 전략을 검토해 볼 필요가 있습니다.

최선을 다하지 않는 모럴 해저드(도덕적 해이)가 초래될 수 있다.

chapter

03

희망하는 퇴직 준비 점검하기

제3장
희망하는 퇴직 준비 점검하기

1 희망퇴직 시점 예측의 중요성

지속 가능한 경영을 이유로 기업마다 다양한 형태의 구조조정을 실시하고 있습니다. 회사 차원에서 일정 보상 재원을 마련하고 신청자를 받아서 인원을 감축하는 희망퇴직은 많은 기업에서 보편적으로 운영하고 있는 인적 구조조정 프로그램입니다.

회사의 경영사정이 좋지 않을 때에는 고정비 감축의 명목으로 상당한 인력의 감축이 검토되며, 인력 감축의 수단으로 희망퇴직을 검토하게 됩니다. 또한 인력선순환 차원에서 소규모의 인원을 대상으로 정기적으로 실시하기도 합니다. LG전자는 Bravo My Life라는 명칭으로 매년 실시하고 있으며, 은행권에서도 매년 희망퇴직을 실시하고 있습니다. 또한, 일정 연령이나 일정 기간 이상 근무하면 명예퇴직을 신청할 수 있도록 제도화하여 운영하는 기업도 있습니다.

정기적으로 인력구조조정을 실시하고 있는 회사라면, 구조조정의 시점을 고려하여 근로자가 자신의 예상 퇴직 시점을 사전에 검토하고, 필요한 준비를 할 수 있습니다. 그렇지만, 경영상황에 의한 인력구조조정이라면 퇴직할 준비가 되지 않은 다수의 근로자가 대상자에 포함되기 때문에 심리적, 경제적으로 큰 충격을 받게 됩니다. 많은 근로자들이 경영실적의 악화에 대해 회사를 탓하지만, 자신들에게 닥쳐 올 구조조정의 상황을 부인하거나 부정하는 경우가 다반사입니다. 현실을 직시하여 미래를 대비해야 하며, 회사의 경영상황이나 내부 정보통의 이야기에 귀를 기울여 보면 인력구조조정이 시행될 가능성을 어느 정도 예측할 수 있습니다.

희망퇴직이 발표되면, 많은 사람들이 그제야 희망퇴직이 현실로 다가왔음을 인지하고 어떻게 해야 할지 고민하게 됩니다. 하지만, 희망퇴직을 몇 년 전부터 준비해 온 사람들도 있습니다. 미리 계획을 세운 사람들에게는 희망퇴직이 큰 기회가 될 수 있지만, 아무런 준비 없이 맞닥뜨린 사람들에게는 권고사직 통보와 같은 충격적인 상황이 될 것입니다.

그렇더라도 현재 자신의 준비 상태를 점검하고 부족한 부분을 보완하기 위한 계획을 세우는 것은 본인과 가족들의 미래 삶에 있어 매우 중요합니다. 희망퇴직은 기업이 경영상의 필요에 의해 근로자에게 계약 해지를 제안하는 것이며, 근로자는 기업이 제시하는 보상 조건을 받고 합의 퇴직하는 것입니다. 근로자와 기업이 상호 이익이 되는 계약 해지가 가장 좋은 모습이며, 이를 위해 상호 간 충분한 준비를 해야 하지만, 현실은 그렇지 못한 경우가 많이 있습니다.

개인의 경력 목표, 경제적 안정성, 조직의 구조조정, 심리적 준비 등 다양한 관점에서 준비 상태를 점검하고, 향후 발생할 수 있는 잠재적인 영향을 고려하여 희망퇴직을 신중하게 결정해야 합니다. 필요한 경우, 전문가나 희망퇴직을 경험한 지인들의 조언을 구하는 것이 중요합니다.

2 희망하는 퇴직 시점 예측하기

1 개인적 성장과 발전을 위해 이직을 통한 경력 전환이 필요한가?

수용하기 어렵겠지만, '나는 경력 정체기인가?'에 대한 자문이 필요합니다. 현재 회사에서 장기적으로 경력을 이어가기 어렵다고 생각하거나, 경력 정체기에 접어들었다고 느낀다면 희망퇴직을 보다 적극적으로 준비해야 합니다.

경력 정체기는 조직 내에서 성장하거나 승진할 가능성이 낮다고 느끼는 시기입니다. 이 시기에 접어들면 직무 만족도가 낮아지고, 지루함과 좌절감을 느끼게 됩니다. 또한, 먼저 승진한 동료나 후배들을 보며 자존감이 낮아질 수 있고, 이는 업무 생산성에도 부정적인 영향을 미칩니다.

연령과 직급 관점에서 역피라미드 인적 구조가 나타날 때, 조직 내에서는 경력 정체기의 직원이 더 많이 발생합니다. 회사는 미래 성장 동력과 변화 추진, 생산성 향상을 위해 인적 구조의 선순환을 적극 검토하게 됩니다.

회사의 인적 구조가 역피라미드 형태이고, 스스로 경력 정체기라고 느끼는 인원이 많다면 이는 희망퇴직과 같은 구조조정 프로그램이 시행될 시기가 멀지 않았으며, 자신도 언제든지 대상자가 될 수 있다는 신호입니다. 회사의 성과가 좋더라도 지속 가능한 생존을 위해 인력의 선순환, 신사업 필요 인재의 확보 등 여러 가지 이유로 인력조정을 검토하게 됩니다.

개인적으로 경력 정체기를 극복하기 위해 자신이 하는 일에 의미를 부여하고, 열정을 가지고 업무를 수행하는 모습을 보여줄 필요가 있습니다. 한편으로 현재 직무에서 쌓은 지식과 스킬, 전문성을 활용하여 어디에서, 어떻게 경력을 지속적으로 유지할 것인지에 대해 고민을 해 보아야 합니다. 준비가 덜 된 상황에서 성급히 회사를 떠나는 사람들도 있지만, 많은 경우 '그때 조금 더 참을걸, 조금 더 준비할걸'이라고 후회하는 분들을 많이 만납니다. 평생 한 회사에 있을 필요는 없지만, 재직 중일 때 미래 경력을 탐색하고 준비하는 것이 가장 안전하고 현명한 방법이라고 생각합니다.

경력 정체기를 극복하고, 새로운 도전을 할 생각이라면 회사에서 상당한 보상을 지급하면서 시행하는 희망퇴직을 적극적으로 기다리고 준비할 필요가 있습니다. 바쁘게 일만 해 온 자신을 돌아보면서 일과 삶을 재조정하는 탐색의 시기를 가져야 합니다. 자기 자신에 대한 탐색은 삶을 통찰하게 하며, 자신이 진정으로 원하는 것이 무엇인지를 찾게 됨에 따라 보다 주도적으로 자신의 삶을 만들어 갈 수 있게 됩니다.

② 희망퇴직 보상금은 퇴직 후 재정 안정성에 도움이 되는가?

희망퇴직 프로그램에서는 법정 퇴직금 외에도 상당히 큰 규모의 위로금이 특별 퇴직금으로 추가 제공되는 경우가 많습니다. 이는 단기적으로 경제적 안정성을 확보하는 데 도움이 될 수 있으며, 희망퇴직으로 받은 금전적 보상을 바탕으로 장기적인 재정 계획을 세워 은퇴 생활을 준비할 수 있습니다. 그러나 희망퇴직 후 상당기간 동안 소득절벽을 겪는 사람들이 많기 때문에, 자신의 재정 상태와 경력 전환 준비 상태에 따라 희망퇴직이 좋은 선택일 수도, 아닐 수도 있습니다.

'2023년 가계금융복지조사'에 따르면, 가구별 자산은 평균 5억3천만원, 부채는 9천만원으로 자산의 17.4%가 부채입니다. 부채가 1억1천만원 이상인 가구는 38.5%, 3억원 이상인 가구는 12.8%로 나타났습니다.

표 3-1 부채 보유액 구간별 가구 분포(단위:%, %p)

부채 (천만원)		1 미만	1~3 미만	3~5 미만	5~7 미만	7~9 미만	9~11 미만	11~20 미만	20~30 미만	30 이상
가구 분포	2022년	13.1	16.1	10.9	8.0	6.7	6.8	16.5	9.6	12.4
	2023년	13.1	15.8	10.2	8.1	6.9	6.8	16.6	9.7	12.8
	전년차	0.0	-0.3	-0.7	0.2	0.2	0.0	0.1	0.1	0.5

가구주의 연령이 39세 이하인 경우 자산대비부채비율은 29.6%, 40~49세는 22.3%, 50~59세는 17.7%, 60세 이상은 11.3%라고 합니다. 실질적으로 생계를 책임지는 가구주가 젊을수록 부채비율이 높고, 가구주가 고연령일수록 부채비율이 낮게 나타나고 있습니다. 평균 부채액의 규모로 보면 희망퇴직의 주대상인 50대의 평균 부채액은 1억원 정도이며, 40대는 평균 1억2천만원 정도로 부채가 가장 많은 연령층입니다.

표 3-2 가구주 연령대별 부채 보유액(단위: 만원, %)

		전체	39세 이하	40~49세	50~59세	60세 이상
평균	2022년	9,170	10,193	12,328	10,763	6,045
	2023년	9,186	9,937	12,531	10,715	6,206
	증감	17	-256	203	-47	161
	증감률	0.2	-2.5	1.6	-0.4	2.7

재정 안정성을 점검할 때 가장 고민되는 것 중 하나가 현금흐름의 확보일 것입니다. 퇴사 후 수입은 미래의 불확실한 구간에 있습니다. 허리띠를 졸라 매어서 지출구조를 변경하더라도 거의 확정적으로 나갈 돈은 나갑니다. 특히, 생활비 외에도 매월 상환해야 할 원리금을 특별퇴직금으로 감당하기 힘들다면 희망퇴직은 정말 희망하지 않는 퇴직이 될 것입니다. 원리금 상환이 생계에 부담을 주는 정도에 대한 설문에서 '원리금 상환이 부담스럽다'고 생각하는 가구의 비중은 67.6%로 높게 나타나고 있습니다. 또한, '원리금 상환이 매우 부담스럽다'고 응답한 가구는 20.8%로 22년 16.8% 대비 4%가 증가하였습니다. 희망퇴직을 통보받는 시점에 이와 같은 고민거리로 인해 심각한 재정적 스트레스를 받으시는 분들이 상당히 많을 것 같습니다.

한국보건사회연구원에선 발표한 '청년 미래의 삶을 위한 자산 실태 및 대응 방안' 보고서에 따르면 "2021년 기준으로 19~39세 청년 가구주 중 소득대비 부채비율(DTI)이 300% 이상인 '위험' 지표에 해당하는 경우는 21.7%로 이는 2012년 대비 2.6배가 높아졌다"고 합니다. COVID-19의 시기에 부동산 투자를 위해 영끌, 빚투하신 분들이 많았던 것으로 해석되는데, 과도한 대출로 인한 재정적 불안정성에 직면할 수 있는 연령층이 젊은 세대까지 확대된 것으로 볼 수 있습니다.

희망퇴직으로 받은 목돈을 잘 활용하여 연금, 저축, 투자, 창업 준비 등 재정적 안정성을 확보한 후 경력 전환을 준비하면 좋겠지만, 대출 비중이 높은 분들은 우선 빚을 갚는 데 사용하게 됩니다. 이 경우 현금 흐름이 안정적이지 않아 스트레스를 많이 받고, 경력 전환에 실패할 경우 심각한 재정적 압박과 개인 파산을 경험할 수 있습니다. 자신의 재정 계획에 기반하여 수년 전부터 퇴사를 준비하고 최적의 시점에 도달했을 때 희망퇴직을 선택할 수 있는 상황을 만들어야겠습니다.

30대와 40대 초반이라면 현재의 보상 수준 또는 그 이상을 받을 수 있는 다른 직장을 구할 가능성이 높습니다. 실제로 노동시장에서 수요가 높은 역량과 경험을 갖춘 젊은 인재들이 이직을 통해 10~20% 정도 연봉을 높여가는 사례들은 많이 있습니다. 자발적 퇴사자들과 면담을 해 보면 15% 정도 인상된 연봉 수준으로 스카우트 제의를 받으면 대부분 이직을 선택합니다. 젊은 세대에게는 자신의 몸값을 높이기 위해 전문적인 경험, 자격 취득, 외국어 등 역량 개발에 힘쓰는 것이 희망퇴직을 대비하고 성공적인 경력 전환을 준비하는 방법이 됩니다.

40대 후반과 50대로 넘어가면 상황이 많이 바뀌게 됩니다. 재취업에 성공하기도 쉽지 않습니다. 이직에 성공하더라도 현재보다 연봉이 낮거나 50대 중후반에는 현재의 경력을 이어나갈 수 없는 절망적인 상황도 경험할 수 있습니다. 재정의 안정성이 확보되었다면 좋겠지만, 그렇지 않다면 젊은 세대와는 좀 다른 전략이 필요할 것 같습니다. 현 직장을 최대한 오래 버티면서 가계의 재정 건전성을 확보하는 것이 가장 좋은 답일 수 있습니다. 어쩔 수 없이 원하지 않는 희망퇴직을 해야만 하는 상황에 놓인다면, 쉽지는 않겠지만, 회사와의 협상을 통해 좀 더 나은 보상 조건을 받아 내어야 합니다.

희망퇴직의 대상자로 통보받으면 늦습니다. 40대 후반 이후의 연령대라면 언제든지 희망퇴직 대상자가 될 수 있다고 생각해야 합니다. 자신의 재정 상태를 점검하여 현금흐름이 안정적인 구조로 변경되는 시점이 되면 특별퇴직금과 함께 실시되는 희망퇴직은 기회의 순간이 될 수도 있습니다.

❸ 구조조정의 조짐이 있는가?

기업의 매출, 손익 등 경영상황과 경영전략의 변화로 인해, 자신의 직무와 고용안정성이 불안정해지는 변화의 조짐은 조금만 주의를 기울여 보면 알아 차릴 수 있습니다. 사업방향과 방침, 경영회의에서 나왔던 이야기, 노동조합이나 근로자 대표들의 이야기, 사원들 간 떠도는 소문, 본인이 맡고 있는 업무의 양과 질적 변화, 언론에서 이야기하는 경제, 사회, 기술, 환경 등 메가트렌드의 변화 등에 관심을 가지면 회사가 어떻게 나올 것인지를 어느 정도 예측할 수 있습니다. 구조조정은 어느 한순간에 발생하는 것이 아니라 수년간 내부에서 구조조정의 에너지를 키워 나가다가 어느 순간 임계점[3]에 다다르게 되면 급속히 진행

---

3 임계점(臨界點, critical point)은 액체와 기체의 상이 구분될 수 있는 최대의 온도-압력 한계이

됩니다. 구조조정의 가능성이 일단 가시화되고 나면 급속히 구조조정에 돌입할 가능성이 높아집니다.

기술 발전과 직업 시장의 변화에 따라, 현재의 업무가 미래에는 존재하지 않거나 중요도가 감소할 수 있습니다. 한국과학기술기획평가원에서 발간한 '일자리의 미래 보고서 2023'에서는 향후 5년('23년~'27년) 내 고용시장은 첨단 신기술, 디지털 액세스 확대, ESG 표준 적용, 세계 경제성장 둔화, 녹색전환 투자, 공급 부족 및 투입비용 상승 등 매크로 트렌드의 영향을 받게 된다고 합니다. 그 결과 향후 5년간 기업의 핵심 스킬 중 44%가 변화될 것이라고 합니다.

표 3-3 향후 5년('23년~'27년)간 기업 핵심 스킬의 변화

순위	23년 핵심 스킬	27년 핵심 스킬
1	분석적 사고	창의적 사고
2	창의적 사고	분석적 사고
3	탄력성·유연성 및 민첩성	기술문해력
4	동기부여 및 자기인식	호기심과 평생학습
5	호기심과 평생학습	탄력성·유연성 및 민첩성
6	기술문해력	시스템적 사고
7	신뢰성과 세부사항 관심	AI 및 빅데이터
8	공감 및 적극적 경청	동기부여 및 자기인식
9	리더십과 사회적영향력	인재경영
10	품질	고객서비스

매크로 트렌드와 핵심 스킬의 변화로 인해 향후 5년간 8,300만 개의 일자리가 대체되고 6,900만 개의 일자리가 창출될 것으로 전망되는데, 이는 1,400만 개의 일자리가 없어진다는 것을 의미합니다. 경영사정으로 인한 구조조정이 아니더라도 내가 가진 전문성과 핵심 스킬이 더 이상 중요하지 않게 됨에 따라 역

다. 여기에서는 경영실적 악화, 역피라드 인적구조, 미래 사업 준비 등으로 기업의 경영자가 인적 구조조정의 실시를 결정해야만 하는 순간을 의미한다.

량 관점의 구조조정이 진행될 수 있습니다.

기업마다 차이는 있겠지만, 인력과 역량의 선순환 관점에서 매년 희망퇴직과 유사한 제도를 시행하고 있는 기업들도 있습니다. 기업 내에서 생존하고 성장하기 위해서는 기업이 필요로 하는 핵심 스킬을 빠르게 습득하는 학습 역량을 가지고 있지 않으면 어느새 잉여인력으로 분류되어 희망퇴직을 강요받는 상황이 올 수 있습니다.

경영상황과 핵심 스킬의 변화로 인해 대부분의 기업에서 보다 빈번하게 구조조정을 실시할 가능성이 높습니다. 해당 기업이 정리해고를 해야 하는 상황이 아니라면 선제적 구조조정인 희망퇴직 형태를 먼저 진행할 가능성이 있습니다. 근로자가 준비된 희망퇴직을 하기 위해서는 이러한 구조조정의 가능성을 예측해 보아야 하며, 변화에 민감하게 반응할 필요가 있습니다. 준비된 분들에게는 현 직장의 구조조정이 새로운 기회로 다가올 수 있습니다.

4 '주도적인 조용한 퇴사' 준비하기

묵묵히 내가 맡은 업무를 성실하게 수행하면서 회사의 성과에 기여하고, 안정적인 생활을 위해 오랫동안 직장 생활을 하고 싶은 직장인들이 많이 있습니다. 그렇지만, 메가트렌드의 변화에 따라 점점 잦아지는 구조조정, 경력 전환의 욕구와 경력 정체기의 위기, 특별퇴직금의 유혹과 재정 불안정성 등은 직장인들의 마음을 흔들고 있습니다. 기술적 진보로 인해 경제, 사회, 문화, 안전 등 변화의 속도는 더욱 빨라지고 있고, 가만히 있고 싶다고 해서 가만히 있을 수 없는 상황이 전개되어 가고 있습니다.

'조용한 퇴사[4]'라는 이야기가 직장인들 사이에 퍼지고 있습니다. 조용한 퇴사의 유래는 Zaid Leppelin이 22년 7월 "일을 완전히 그만두는 것은 아니지만, 위로 올라가려는 생각을 그만두는 것이다.", "일이 삶이어야 한다는 사고방식에

---

4 조용한 퇴사: Quiet Quitting(조용한 사직, 조용한 퇴직)의 유래는 미국 IT 엔지니어인 Zaid leppelin이 22년 7월 26일에 올린 17초짜리 틱톡 영상에서 시작되었다. 그의 주장에 동의하는 영상들이 Quiet Quitting 해시태그를 달고 올라오면서 확산되었다.

동의하지 않는다.", "나의 가치는 일에 의해 정의되지 않는다."는 틱톡 영상에 대해 동조하는 많은 영상들이 'Quiet Quitting'의 해시태그를 달고 올라오면서 시작되었습니다.

조용한 퇴사는 정해진 근무시간과 맡은 업무 범위 내에서만 일을 하겠다는 의미입니다. 업무가 삶의 전부가 아니라는 관점에서 회사 업무에 자신의 에너지를 정해진 만큼, 맡은 만큼만 사용하며, 그 외의 회사 일에는 관여하지 않겠다는 의지를 '조용한 퇴사'라는 용어로 표현한 것입니다.

HR테크기업인 인크루트가 직장인 1,097명을 대상으로 '조용한 퇴사'에 대한 설문을 진행하였습니다. "현재 조용한 퇴사 상태인가?"에 대한 문항에 대해 '매우 그렇다'는 12.7%, '대체로 그렇다'는 39.0%로 전체 응답자의 51.7%가 '그렇다'라고 답했습니다. 근속연차로 보면 8~10년차가 57.4%로 가장 높았고, 5~7년차는 56.0%, 17~19년차는 54.7%로 나타났습니다. 조용한 퇴사의 이유로는 현재 회사의 연봉, 복지에 대한 불만(32.6%)과 회사에 일하는 것에 대한 열의가 없어서(29.8%), 이직 준비 중이라서(25.0%) 순서로 나타났습니다. 동료가 조용한 퇴사 중인 것에 대해 10명 중 7명이 '긍정적'이라고 답변했습니다.

'조용한 퇴사'는 이미 우리 주변에서 보편적으로 진행되고 있습니다. 회사의 관점에서는 부정적으로 보일 수 있겠지만, 다른 관점에서 이러한 현상을 바라보면 그렇게 부정적이지도 않습니다. 인생의 가치 관점에서 일과 삶의 균형을 찾아 가려는 적극적인 모습으로 본다면 주도적으로 인생을 살아가려는 의지의 표출입니다. 일이든 삶이든 주도성을 상실한다면 어디에서도 의미를 찾기가 힘들 것입니다. 조용한 퇴사가 보편적인 일터의 풍토라면 회사의 관점에서는 일의 의미를 찾을 수 있도록 지원하는 것이 더욱 중요한 과제가 될 것입니다. 더욱이 일을 하지 않겠다는 것이 아니므로 근로시간 내에서 맡은 일을 잘할 수 있게 하는 리더십의 발휘와 일하는 조직문화의 조성이 중요하겠습니다.

회사에서는 조용한 퇴사의 의지를 가진 직원들이 상당수 있음을 인정하고, 보다 생산적인 관점에서 조용한 퇴사가 진행되도록 할 필요가 있습니다. 직원들이 자신들의 일과 삶에서 가장 중요한 것이 무엇인지를 찾을 수 있는 기회를 부여하게 되면 스스로 일의 의미를 찾는 데 도움을 줄 것입니다. 정해진 소정 근로시간 내에서 업무를 마무리하고 자유롭게 출퇴근할 수 있는 유연하고 성과에 집중하는 문화를 만들어 간다면 우수한 인재들이 함께 일하고 싶은 직장이 되며, 직원과 회사가 다 함께 원윈할 수 있게 됩니다.

회사마다 차이는 있겠지만, 인사팀에서는 인재들을 S급 인재, A급 인재, B급 인재, C급 인재 등으로 나누어서 관리하고 있습니다. S급이나 A급으로 분류된 인재들은 향후 팀장이나 임원이 될 가능성이 높습니다.

그림 3-1   100대 기업 임원 1명당 직원 수 현황(단위: 명)

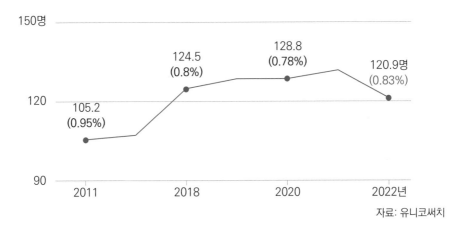

반기보고서 기준. 미등기임원 대상. 괄호 수치는 임원 승진 확률

자료: 유니코써치

글로벌 헤드헌팅 전문기업 유니코써치가 2022년 100대 기업 직원의 임원 승진 확률은 0.83%라고 조사 결과를 발표하였습니다. 제가 재직했던 회사를 기준으로 분석한 결과도 이와 유사합니다. 저와 함께 입사한 동기들 중에서 팀장이 된 동기는 10% 정도이며, 임원은 1% 정도입니다. 함께 입사한 동기 모두가 직장 내에서 계속하여 위로 올라가는 것도 아닌데, 더 이상 위로 올라가지 못할 때 많은 사람들이 경력 정체기를 겪으면서 좌절하고, 실망하며, 또한 나를 알아주지 못함에 대해 분노합니다.

저는 회사 내에서 B급 인재로 포함되어도 괜찮다고 생각합니다. 회사의 인재

대부분이 B급으로 분류되고 있고, B급들이 있어서 회사가 돌아가는 것입니다. 회사에서 B급이라고 해서 개인의 삶도 B급인 것은 아닙니다. 회사에서의 성장이나 인정에 대한 욕구를 조금 내려 놓고, 업무 외 시간에는 개인이 바라는 것에 시간과 에너지를 투자하면서 더욱 행복해하는 분들도 많이 있습니다. 개인의 인생을 회사에서의 성장과 인정, 보상 등으로만 판단할 필요는 없으며, 일과 삶이라는 통합적인 가치로 바라볼 필요가 있다는 의미입니다.

이 글을 적고 있는 오늘 엔씨소프트의 '권고사직' 소식을 접했습니다. 전체 5,000여 명의 직원 중 250여 명으로 5% 정도의 규모이며, 언론에는 6개월치라고 발표났지만, 내부적으로 1년치 급여를 보상한다고 합니다. 2021년 전 직원 연봉 1천만원 인상을 단행했던 엔씨소프트가 2024년 4월 '희망퇴직'이 아닌 '권고사직'으로 좀 더 강한 용어를 사용하면서 구조조정에 나섰습니다. 엔씨소프트의 대표작 '리니지'의 효과 감소와 23년 신작 '쓰론 앤 리버티(TL)'의 부진으로 인한 경영상황과 내부의 루머를 들어보면 이번 구조조정은 예견되었던 부분입니다. 그렇지만, 대상이 되는 250여 명의 인원 중 권고사직을 기다려온 분들이 몇 분이나 있을지, 준비되지 않은 권고사직으로 입을 마음의 상처와 준비되지 않은 희망퇴직으로 인한 미래의 삶이 걱정스럽습니다. 이러한 일은 누구에게나 있을 수 있습니다. 미리 준비한 사람과 현실을 인식하지 못하거나 받아들이지 않으려고 했던 사람 간에는 대응 방식과 그 결과에 있어 큰 차이가 있을 것 같습니다.

의도적이고 주도적으로 '조용한 퇴사'를 진행한다는 것은 자신을 위해서 시간과 에너지를 투자한다는 것입니다. 이를 통해 현재의 직장에서의 경력을 성공적으로 마무리 지을 수 있으며, 심리적 충격을 최소화할 수 있습니다. 자신의 의지로 퇴사를 결정함으로써, 새로운 시작에 대한 긍정적인 태도와 삶에 대한 자신감을 가질 수 있습니다. 또한, 의도적이고 주도적인 '조용한 퇴사'는 적극적인 경력 개발, 경력 전환의 의미를 포함하므로 현재의 직장에도 도움이 됩니다. '조용한 퇴사'의 풍조를 그대로 인정하고, 조직에서는 이를 어떻게 건강한 에너지로 승화를 시킬 것인지를 고민하는 것이 필요하겠습니다.

3 희망하는 퇴직을 위한 체크리스트

1 미래에 대한 균형적인 관점

　조직 성과 관리가 MBO(Management By Objectives)[5]방식에서 BSC(Balanced Scorecard)[6] 또는 OKR(Objectives and key results)[7]로 진화하고 있습니다. 인터넷, 인공지능, 빅데이터, 블록체인, 로봇 등의 발달로 과거 어느 때보다 속도와 규모 면에서 변화가 크고 깊은 4차 산업혁명[8]의 시대로 접어 들었습니다. 초연결성, 초지능화, 융합화를 기반으로 모든 것이 연결되고 더욱 지능화된 맞춤형 사회로 변모한다는 것입니다. 개인으로서는 본인이 가지고 있는 지식과 기술의 반감기[9]가 더욱 빨라졌고, 새로운 것을 학습하는 역량과 변화에 적응하지 못하면 도태될 수 있는 위기와 기회가 함께 공존하면서 불확실성과 변동성이 더욱 커졌다는 의미로 생각됩니다.

　조직관리를 위해 그동안 활용해 왔던 것들이 없어지거나 중요도가 낮아지고 있으며, 지속 가능한 조직을 위해서는 새로운 관점이 필요하게 되었습니다. 과거의 성과에 대한 재정적인 측정 지표와 함께 미래성과를 창출하는 데 기여하는 지표를 개발하여 관리하여야 지속 가능한 조직이 될 수 있습니다.

　개인의 삶도 다양하고, 급속한 변화 속에서 지속되어야 하는 시대가 되었습니다. 현재의 직장 내에서 연봉, 경력 개발, 사회적 관계뿐만 아니라 미래에도

5　MBO(Management By Objectives): 피터 드러커가 조직성과를 향상시키기 위해 개발한 방식으로 목표설정, 피드백, 성과 평가로 이루어진다.

6　BSC(Balanced Scorecard): 고객관점, 내부 프로세스 관점, 학습, 혁신, 성장 관점, 재정 관점에서 성과 지표를 개발하여 조직관리를 하는 방식으로, 이러한 균형적인 지표를 관리함으로써 새로운 경영환경의 변화를 대비하고 미래 가치를 지속적으로 창출하는 경영관리 방식이다.

7　OKR(Objectives and key results): 앤디 그로브가 인텔에서 사용한 조직관리 방식에서 유래했으며, 미국의 벤처 투자자인 존 도어가 이를 발전시켜 구글에 도입하였다.

8　4차 산업혁명: 2016년 스위스에서 열린 세계경제포럼에서 클라우스 슈왑(Klaus Schwab)이 연례 주제로 발표하여 용어와 개념이 확산되었다.

9　지식의 반감기: 새뮤얼 아브스만은 우리가 알고 있는 지식의 절반이 틀린 것으로 드러나는 데 걸리는 시간을 '지식의 반감기'로 정의했다.

개인의 행복한 삶을 지속해야 합니다. 일과 돈의 관점에서 나아가 개인의 삶에서 중요한 가치를 구성하는 여러 지표들을 함께 점검하고 확장해 나가는 것이 필요합니다.

희망퇴직을 고려하고 있는 직장인들은 희망퇴직에 대한 준비가 어느 정도 되어 있는지 스스로 진단해 볼 필요가 있는데, 현재의 일과 재정적 관점에 치우쳐 있는 경향이 있습니다. 이제부터는 경력 계획, 삶의 우선순위, 사회적 네트워크, 심리적 준비 상태 등 균형적인 관점에서 점검하고 준비를 해야 할 것입니다.

2 밸런스 라이프 휠[10](삶의 수레바퀴) 그려보기

밸런스 라이프 휠(Wheel of Life, Balance Life Wheel)는 삶의 수레바퀴라도 하는데, 개인의 전반적인 삶의 질을 평가하고 향상시키기 위해 사용되는 도구입니다. 삶이 얼마나 균형을 이루고 있는지를 직관적이고 쉽게 이해할 수 있도록 도움을 주는 도구입니다.

삶의 수레바퀴는 다양한 삶의 영역을 나타내는 여러 개의 조각으로 나누어져 있으며, 개인의 만족도와 성과를 시각적으로 표현합니다. 균형 잡힌 삶의 관점에서 일반적으로 8개의 범주로 구성되는데, 개인의 가치에 따라 범주의 이름을 변경하고, 항목을 늘리거나 줄일 수 있습니다.

> **삶의 수레바퀴 8개 범주**
> - 가족과 친구(Family and Friends): 가족, 친구 등
> - 경력(Career): 일, 자원봉사, 모성 등
> - 재정(Finance): 금전, 재정적 안정 등
> - 건강(Health): 정신적 건강, 육체적 건강 등
> - 가정환경(Home Environment): 업무환경 등

---

10 밸런스 라이프 휠: Life Coach이자 Success Motivation Institute의 설립자인 Paul J. Meyer가 1960년대에 개발했다. 리더십 개발 차원에서 가족과 가정, 재무와 경력, 전신과 교육, 신체와 건강, 사회와 문화, 영성과 윤리의 6가지 범주로 나누기도 한다.

- 재미와 여가(Fun & Leisure): 레크리에이션 등
- 개인적 성장(Personal Growth): 학습, 자기 개발 등
- 중요한 기타(Significant Other): 다른 범주에 포함되지 않는 인생의 중요한 사항을 포함하는 기타 범주로서 적당한 이름을 붙일 수 있습니다.

　　자신만의 삶의 수레바퀴를 그리기 위해서는 8개의 범주를 참고하여 자신의 삶에서 중요하다고 생각하는 영역을 결정해야 합니다. 그리고 각 영역별 만족도와 성취도를 전혀 만족하지 못한 상태(0점)에서 완벽하게 만족하는 상태(10점)까지 평가를 합니다. 이를 수레바퀴에 표시하여 전체적인 균형상태를 직관적으로 이해할 수 있도록 하며, 낮게 평가된 영역에 대해서는 개선을 위한 구체적인 목표를 설정하여 삶의 질을 균형적으로 향상시키는 노력을 하는 과정을 거쳐야 합니다.

그림 3-2　삶의 수레바퀴 예시

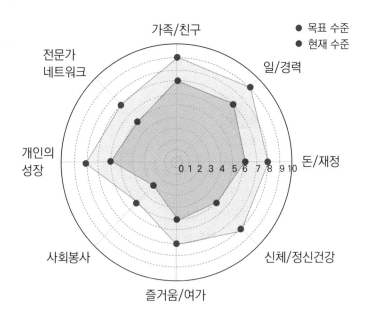

3 희망하는 퇴직을 위한 체크리스트

삶의 수레바퀴 작업을 통해 개인의 삶에 있어 중요한 항목을 인식하고, 목표 설정과 계획 수립, 자신의 삶의 발전 가능성에 대한 동기를 부여받을 수 있게 됩니다. 이를 기반으로 퇴직을 결정할 때 필수적으로 고려해야 할 5가지를 정리해 보았습니다.

① 재정 관점
- 자산 현황: 은퇴 자금, 부동산, 투자 자산의 현재 가치 평가
- 부채 상태: 대출, 신용 카드 빚 등의 부채 체크
- 월별 소득 및 지출: 은퇴 후 예상되는 월별 수입과 지출 예측
- 긴급 자금: 비상 시 사용할 수 있는 긴급 자금 준비 상태
- 재정 목표: 은퇴 후 생활비, 여행, 취미 생활 등에 대한 재정 계획

② 경력 관점
- 경력 성취: 현재까지의 경력 목표 달성도
- 전문성 개발: 자격증, 추가 교육 등 전문성을 높이기 위한 노력
- 네트워킹: 업계 내외의 네트워크 유지 및 확장 상태
- 후계자 양성: 후계자 또는 후배 양성을 위한 멘토링 또는 교육 상태
- 경력 전환 계획: 퇴직 후 경력 전환 또는 부업에 대한 계획

③ 개인 가치 관점
- 개인 성장: 도서 읽기, 강의 수강 등 개인 성장을 위한 활동
- 건강 관리: 건강상태, 운동, 올바른 식습관 유지
- 취미 활동: 행복을 위한 취미 생활 유지 및 개발
- 자아 실현: 개인적 열정이나 꿈을 추구하는 활동
- 영적 만족: 명상, 기도, 종교 활동 등 영적 만족도 평가

④ 사회적 관계 관점
- 가족 관계: 배우자, 자녀, 부모와의 관계 상태 및 갈등 해결 노력
- 친구 및 사회적 네트워크: 정기적인 친구 만남, 사회적 모임 참여

- 지역사회 참여: 봉사 활동, 지역사회 이벤트 참여
- 사회적 지지 체계: 위기 시 도움을 요청할 수 있는 사회적 지지 체계
- 대인 관계 기술: 대화 기술, 갈등 해결 능력 평가

⑤ **심리적 준비 관점**
- 심리적 안정: 은퇴 후 변화에 대한 심리적 적응 준비 상태
- 스트레스 관리: 스트레스를 인지하고 효과적으로 관리하는 방법
- 기대치 조정: 은퇴 생활에 대한 기대치와 현실 사이의 균형
- 감정 조절: 감정의 변화를 이해하고 조절하는 능력
- 사회적 인식: 실업자/은퇴자로서의 사회적 인식과 그에 따른 정체성 인식

5가지 관점을 포함한 체크리스트를 작성하고 셀프 평가를 해 볼 수 있습니다. 항목은 본인이 중요하다고 생각하는 관점에 따라 변경할 수 있습니다. 이러한 항목들을 꼼꼼히 검토하면 희망하는 퇴직을 결정하고 준비하는 데 도움이 됩니다. 자신의 상황에 맞는 최선의 선택을 할 수 있도록 충분한 검토와 준비가 필요합니다.

표 3-4 희망하는 퇴직을 준비하기 위한 체크리스트 예시

관점	세부항목	현재 수준	목표 수준
금융 관점	자산 현황		
	부채 상태		
	월별 소득 및 지출 차이		
	긴급 자금		
	재정 목표		
경력 관점	경력 성취		
	전문성 개발		
	전문가 네트워킹		
	후계자 양성		
	경력 전환 계획		

개인 가치 관점	개인 성장		
	건강 관리		
	취미 활동		
	자아 실현		
	영적 만족		
사회적 관계 관점	가족 관계		
	친구 및 사회적 네트워크		
	지역사회 참여		
	사회적 지지 체계		
	대인 관계 기술		
심리적 준비 관점	심리적 안정		
	스트레스 관리		
	기대치 조정		
	감정조절		
	사회적 인식		

이러한 자기 스스로의 탐색은 희망하는 퇴직을 준비하는 데 있어 본인의 현재 수준을 스스로 점검하고 목표와 계획을 수립하고 실현을 위한 동기를 지속을 강화시키는 데 도움을 줄 수 있습니다. 희망하는 퇴직을 하기 위해 모든 지표들이 완벽해야 하는 것은 아니지만, 퇴직을 하기 전에 삶에 대한 균형적인 관점에서 점검하는 것은 충분히 의미 있는 활동입니다. 퇴직은 갑자기 찾아올 수 있으므로 여유를 가지고 틈틈이 본인의 전체 항목을 점검해 보아야 합니다. 이를 위해 분기 1회 정도는 항목별 수준과 달성 정도를 점검하면서 계획을 재점검하는 것은 삶을 주도적으로 살아가는 방식이라고 생각합니다. 이런 체크리스트가 아니더라도 좀 더 간단히 커리어 플랜 또는 개인 이력서를 매년 작성하고 고쳐 보는 것도 매우 좋습니다.

희망하는 퇴직의 시기를 주도적으로 결정하기 위해서는 단기적으로 어느 정도 준비되어 있는지, 장기적으로 어떤 부분을 목표로 설정하고 더욱 집중할지를 알아야 합니다. 본인의 재정, 경력, 개인적인 가치, 사회적 관계, 심리적 준비 정도를 점검하고 퇴직의 의사결정을 주도적으로 해야겠습니다. 이러한 과정은 혼자서 준비하고 결정하기보다는 평상시 가족과 함께 자신의 생각을 나누고, 퇴직을 경험한 선배, 커리어 코치, 직업 상담가, 자산관리 전문가 등 여러 분야의 전문가들의 조언을 받아 보는 것이 큰 도움이 됩니다. 퇴직 이후의 현실을 보다 객관적으로 판단하는 데 도움을 줄 것이며, 희망퇴직을 준비하고 결정하는 데 꼭 필요한 절차입니다.

④ 희망하는 퇴직을 위한 커리어 플랜 점검하기

1 커리어 플랜 수립의 필요성

희망하는 퇴직을 하기 위해서는 커리어 플랜을 수립하고 중장기적으로 실천해 나갈 필요가 있습니다. 퇴직 이후 계속 일을 할 것인지, 완전히 은퇴할 것인지를 결정해야 합니다. 일을 계속하더라도 현재의 경력을 토대로 재취업을 할 것인지, 창업을 할 것인지 등 퇴직 후 커리어 목표에 따라 준비해야 할 사항은 매우 다릅니다. 모두가 성공적인 커리어 전환을 하는 것은 아니기 때문에 보다 분명하게 목표를 설정하고 준비를 해야 합니다.

준비되지 않은 희망퇴직의 대상자에 선정되고 나면, 그때부터는 경력 전환의 성공까지 쉽지 않은 기간을 보내야 합니다. 커리어 플랜을 잘 준비해도 쉽지 않은 과정인데, 퇴직 무렵이 되어서 준비하는 커리어 플랜은 퇴직 후 소득절벽과 함께 경력 전환을 시도해야 하므로 더욱 힘든 과정이 됩니다. 사실상 협상을 통해 조금 더 나은 보상 조건을 받아 내는 것 말고는 별로 남아 있는 선택지가 없게 되는데, 쉽지 않은 협상입니다.

커리어 플랜은 성공적인 경력 전환을 위해서도 중요하지만, 현재 내가 하고 일에 대한 의미를 부여하는 좋은 방법이기도 합니다. 하루 일과 중 가장 많은 시간을 사용해야 하고, 에너지를 쏟아야 하는 현재의 직무가 단순히 돈을 벌기 위한 생계의 수단으로서 기능만 한다면 별로 행복하지 않을 것입니다.

일의 의미와 중요성을 찾는 것은 행복한 삶을 위한 자기 탐색의 중요한 과정입니다. 직장 생활을 하면서 사람과 직무에 대한 스트레스와 다양한 어려움을 겪는 순간들이 많이 있습니다. 의미 있는 일을 하고 있는 사람들은 이러한 역경을 회피하지 않고, 정면에서 마주볼 수 있는 용기를 가지게 되며, 일을 계속해 나갈 수 있는 동기를 유지하게 됩니다. 또한, 커리어 플랜은 현재의 직장에서 인정받는 전문가 또는 리더, 경영자로 성장하기 위해서도 필요합니다.

커리어 플랜이란 일반적으로 중장기적인 경력 목표를 설정하고, 단계별 목표 달성에 도움이 되는 직무 경험을 쌓아가는 과정입니다. 정기적으로 계획 달성 정도를 검토하고, 장단기의 목표를 조정하며, 삶 전체를 균형적인 관점에서 커리어 플랜을 조명하는 것은 중요한 과정입니다.

그렇지만, 30대와 50대의 커리어 플랜은 다른 점이 있습니다. 30대는 전문성을 강화하기 위한 역량 강화, 조직 내에서 성장과 승진, 전문적인 네트워크의 확장에 초점을 둘 필요가 있습니다. 50대는 희망퇴직 또는 정년까지 기간이 많지 않으므로 재정적 안정성 구축, 직장 경험을 통해 쌓아 올린 전문성이나 업적의 정리, 퇴사 후의 은퇴 또는 경력 지속을 위한 계획 등 연령대별로 경력 개발의 초점은 다를 수 있습니다.

2 희망퇴직과 1만 시간의 법칙[11]

MZ세대와 커리어 면담을 할 때 10년 후 자신의 모습을 생생하게 그려보고, 목표를 설정해 보라고 권합니다. 1년 뒤의 모습, 3년 뒤의 모습을 그려 보라고 하면 현재의 연장선상에서 자신을 생각하기 때문에 꿈의 확장이 제한됩니다. 그래서 5년 이상 10년 정도의 모습을 목표로 경력 계획을 세울 수 있도록 조언을 합니다.

---

11 1만 시간의 법칙: 심리학자 말콤 글래드웰이 제시한 개념으로 특정 분야에서 전문가가 되기 위해서는 최소 1만 시간 동안 의도적으로 연습하고 몰두해야 한다는 내용이다. 단순히 연습 시간만을 강조했다는 비판이 있으며, 전문가 육성에는 개인의 재능, 열정, 삶의 환경 등 다양한 요인의 작용을 고려해야 한다는 지적이 있다.

매일 3시간씩 자신의 경력 개발에 투자하여 10년이 지나면 1만 시간이 됩니다. 10년이면 1만 시간의 법칙이 적용될 수 있는 기간이며 10년 후의 모습은 현재와 전혀 다른 자신의 모습을 상상해 보고 현실화시킬 수 있는 기간이라고 생각합니다.

3시간 x 365일 x 10년 = 10,950시간

10년의 시간을 투자하기 힘든 40대 중반에서 50대의 분들께서는 3년 정도 투자를 하셔도 됩니다. 다만, 매일 투자해야 하는 시간을 늘려야 합니다. 하루 3시간이 아니라 5시간에서 10시간 정도 투자를 해서 3년에서 5년을 경력 개발을 한다면 본인이 원하는 것들을 만들어 갈 수 있다고 생각합니다.

10시간 x 365일 x 3년 = 10,950시간
6시간 x 365일 x 5년 = 10,950시간

꼭 1만 시간일 필요는 없지만, 한 분야의 전문가가 되기 위해서는 자신이 재능이 있는 분야에 상당한 시간과 열정, 비용의 투자가 필요하다는 의미입니다.

3 중장년층 커리어 플랜에 대한 관점

회사 생활을 하면서 자신의 경력 개발을 위해 1만 시간을 투자하는 것은 불가능하다고 생각하실 분들도 계실 것입니다. 그렇지만, 주위를 둘러보면 젊은 세대보다 더 치열하게 시간과 에너지를 투자하고 있는 5060세대가 의외로 많다는 것을 알게 될 것입니다.

50대, 60대 만학의 나이에 박사과정에 진학하여 2~3년만에 학위를 취득하시는 분, 퇴직 후 본인이 쌓은 전문성을 활용하여 중소기업을 컨설팅하기 위해 1년만에 경영지도사 자격증을 취득하신 분, AI시대에 빅데이터분석기사가 되신 분, 중대재해처벌법으로 인해 수요가 많아진 안전관리사와 관련된 자격증을 취득하시는 분 등 50대에 계신 분들 중 정말 많은 분들이 매우 적극적으로 경력 전환을 위한 자기 개발을 하고 있습니다.

고령화 사회에 접어든 한국사회에 있어 2024년 3월 50대의 인구수는 전체의 16.8%인 8,705,899명으로 조사되어 인구가 가장 많은 연령층이 되었습니다.

그림 3-3   2024년 연령대별 인구수

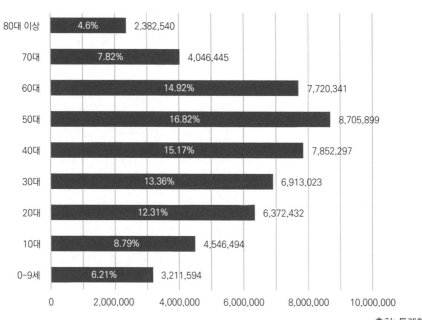

출처: 통계청

이 통계는 우리나라에 돌봄이 필요한 사람이 늘어 나게 되어, 젊은 세대의 짐이 더욱 무거워졌고, 국가의 장래가 어둡고 비관적이라는 부정적인 면만을 의미하지는 않습니다. 50대와 60대는 대한민국이 후진국부터 출발하여 선진국이 되는 과정을 겪으면서 일군 세대입니다. 이러한 과정에서 여러 가지 부작용도 있었지만, 사실상 가장 많은 부를 축적한 세대라고도 할 수 있습니다. 이 세대가 정년 이후 100세 시대를 살아가는 주축이 되기 때문에 시니어 층이 주축이 된 새로운 경제 환경이 만들어지게 됩니다. 100세 시대에 중장년층의 경력계획은 노후를 위한 준비일 뿐만 아니라 의미 있는 삶의 영위를 위한 강력한 무기가 될 수 있습니다.

40대와 50대는 이미 15년에서 20년 정도 업무 경력이 있고 경력 계획이라는 관점에서는 어느 정도 방향이 서 있을 가능성이 높습니다. 현재 일을 하고 있는 분야에서 재능이 있다고 생각하신다면 이미 절반은 온 것입니다. 이제부터는 구체적인 계획을 세워서 체계적으로 실천해 나가면 될 것입니다. 새로운 분야로 경력 전환을 하시려는 분들도 충분히 준비할 수 있는 시간이 있습니다. 계획을 세우고 적극적으로 시간과 에너지, 비용을 투자의 관점에서 지출할 준비가 되어 있고, 실천하면 경력 전환의 성공에 한 걸음 더 다가갈 수 있을 것입니다.

4 커리어 플랜 수립하기

커리어 개발 계획서는 개인의 커리어 목표를 달성하기 위한 전략과 행동 계획을 명확하게 정리하는 도구입니다. 로버트 월터스의 "성공적인 커리어를 위한 커리어 플랜 짜기"에서는 자기분석, 시간에 따른 계획 수립, SMART 목표설정 기법을 통한 객관적인 확인, 계획의 정기적 확인과 업데이트가 커리어 플랜과 실천의 성공 요인이라고 설명하고 있습니다.

커리어 개발에 성공하기 위해서는 자기 자신과 직면할 필요가 있습니다. 자기 자신을 잘 마주하기 위해서는 그동안 살아 온 생애와 직면할 용기와 인정, 자신에 대한 격려가 필요한 것 같습니다. 자기 자신의 선호와 가치관을 이해하고, 자신의 커리어 개발에 대한 욕구인 이상적인 모습을 확인할 수 있어야 하며, 역량 관점에서 현재의 수준과 개선해야 할 역량의 목표 수준을 설정해야 합니다.

☁️ 자기분석을 위한 질문

┌───┐

① **'가치관'**

① 어떤 업무를 수행할 때 일의 의미와 성취감을 느끼는가?

② 최근 1년간 창출한 성과 중 가장 큰 것은 무엇인가?

③ 리더십이 있는 편인가?

④ 해결하기 어려운 문제에도 과감히 도전하는 편인가?

⑤ 안정을 선호하는 타입인가?

⑥ 위험을 무릅쓰고 행동하는가?

⑦ 급여/업무 내용/일과 생활의 균형/업무 환경/기업문화 가운데 우선순위는 무엇인가?

② **'이상적인 자신의 모습'**

① 향후 일을 하고 싶은 업종/직종은 무엇인가?

② 어떤 분야에서 전문성을 추구하고 싶은가?

③ 직위/직급에 있어 목표는 무엇인가?

④ 팀원들의 결속을 다지고 팀을 하나로 통합하는 역할을 수행하고 싶은가?

③ **'역량'(현실적인 목표 수립)**

① 현재의 직장이나 향후 근무하고 싶은 회사에 활용할 수 있는 나의 강점은 무엇인가?

② 커리어 목표를 달성하는 데 있어 부족한 역량은 무엇인가?

③ 부족한 역량을 확보하는 데 필요한 지식과 스킬은 무엇인가?(Hard/Soft)

└───┘

로버트 월터스 자료 참조하여 재정리함.

☁️ SMART 목표설정을 위한 질문

커리어 플랜은 장기계획과 중기계획뿐만 아니라, 분기별, 반기별, 1년 단위의 단기계획도 포함해야 합니다. 이를 통해 목표 달성 정도를 정기적으로 확인하고 필요한 경우 계획을 수정해야 합니다. 계획이 예상대로 진행되면 좋겠지만, 그렇지 않더라도 중간중간 성취도를 평가하고 최종 목표를 달성하기 위해 계획을 조정해 나가는 것이 중요합니다.

목표를 설정할 때는 보통 SMART 기법을 사용합니다. SMART 기법을 통해 세운 목표와 계획이 실제로 달성 가능한지 객관적으로 확인해야 합니다.

① SMART 기법 질문

- Specific(구체적) – 목표는 구체적인가?
- Measurable(측정 가능한) – 목표와 결과를 측정할 수 있는가?
- Attainable(달성 가능한) – 현실적으로 달성이 가능한가?
- Realistic, Relevant(현실적, 관련된) – 목표는 현실적이고 최종 목표와 관련이 있는가?
- Time-bound(기한이 있는) – 목표 달성에 적합한 기한을 설정하였는가?

SMART 목표를 설정하는 데 도움이 되는 각 항목별 세부적인 후속 질문은 TABLEU의 'SMART 목표: 개념 및 나만의 SMART 목표 세우는 방법'에서 다음과 같이 소개하고 있습니다. SMART 목표를 설정하는 과정에서 아래 질문에 답해 보는 것이 도움이 됩니다

② SMART 후속 질문

① Specific(구체적) 목표설정

- 계획의 구체적인 단계는 무엇인가?
- 목표 실현에 필요한 사람은 누구인가?
- 노력을 투입해야 하는 곳은 어디인가?
- 이 목표가 장기 전략에 가치가 있는 이유는 무엇인가?
- 다른 목표 대비 이 목표의 우선순위는 어떻게 되는가?

② Measurable(측정 가능한) 목표설정

- 필요한 데이터는 무엇인가?
- 데이터가 어디에 있고 어떻게 접근할 것인가?
- 믿을 수 있고 검증 가능한 데이터인가?
- 합리적인 단계별 목표는 무엇인가?
- 어느 정도가 충분하고 어느 정도가 부족한가?

- 목표 달성 여부를 어떻게 알 수 있는가?

③ Achievable(달성 가능한) 목표설정

- 목표 달성에 필요한 단계는 무엇인가?
- 목표 달성에 있어 어느 정도 직접 통제 가능한가?
- 목표가 이전 성과와 비교해 현실적인가?
- 이전 사례는 무엇인가?
- 목표가 달성 가능하다고 생각하는 이유는?
- 목표 달성을 방해할 수 있는 외부 요인과 내부 요인은 무엇인가?

④ Realistic, Relevant(현실적, 관련된) 목표설정

- 왜 지금 이것이 목표인가?
- 왜 과거에는 이것이 목표가 되지 않았는가?
- 이 목표를 추진하는 데 적합한 인물은 누구인가?
- 이 목표가 장기 전략을 어떻게 촉진하는가?
- 예상되는 투자 수익률(ROI)은 어떠한가?
- 목표 달성에 실패하면 어떤 결과가 발생하는가?

⑤ Time-bound(기한이 있는) 목표설정

- 주어진 기간에 성취 가능한 목표인가?
- 목표 달성까지 가능한 가장 긴 기간과 가장 짧은 기간은 어느 정도인가?
- 진척을 지연시킬 수 있는 잠재적 방해 요소나 시간 관련 요소에는 어떤 것이 있는가?
- 과거에 비슷한 기간 내에 어떠한 성취를 이루었는가?
- 진척 상황을 언제 어떻게 점검할 것인가?
- 절반 정도 지났을 때 계획에서 벗어나 있다면 어떻게 할 것인가?
- 자연적으로 진척이 느려지거나 빨라질 수 있는 시기가 있는가?

커리어 플랜은 한번 수립하고 끝내는 것이 아니라, 정기적으로 평가하고 수정해야 합니다. 목표를 달성했는지 점검하고, 목표에 미치지 못한 경우 그 이유를 찾아 개선해야 합니다. 새로운 목표가 생기면 추가하고, 목표를 지속적으로 수정해 나가는 것이 중요합니다. 커리어 개발 계획서 양식을 참조하여 자신만의 커리어 개발 계획서를 작성해 보시기 바랍니다.

퇴직은 단순히 직장을 떠나는 것 이상의 의미를 가지며, 개인의 장기 및 단기적인 경력 계획, 경제적 안정성, 그리고 삶의 질에 큰 영향을 미칠 수 있습니다. 따라서 희망퇴직을 준비하고 결정하기 위해서는 삶에 대한 균형 잡힌 관점을 점검하고, 구체적인 커리어 플랜을 수립하고 실행하는 준비가 필요합니다.

표 3-5 경력 개발 계획서 양식과 예시

항목	항목		상세 내용
개인 정보	이름		
	회사 및 직위		
	목표 수립 일자		
커리어 목표	단기 목표		
	장기 목표		
	이 목표가 나에게 왜 중요한가?		
현재 상태 분석	경력 강점		
	보완 영역		
	주요 성과		
필요 기술/지식	필요 핵심 기술		
	필요 지식/자격증		
행동 계획 (타임라인을 설정하기)	단기	분기	
		반기	
		1년	
	중기 장기	3년	
		5년	
	검토 및 조정 시기		
자원 및 지원	이용 가능한 내외부 자원		
	필요한 지원과 협력		

항목	항목	상세 내용
개인 정보	목표 수립 일자	2024. 05. 01
커리어 목표	단기 목표	1년 내 HR 컨설팅 개인 회사 설립
	장기 목표	3년 내 3억, 5년 내 10억 HR/경영 컨설팅 매출, 법인 설립
	이 목표가 나에게 왜 중요한가?	HR 전문가이자 학자로서 세상에 가치를 더할 수 있고, 삶의 보람을 느낄 수 있음.
현재 상태 분석	경력 강점	인사, 교육, 조직문화, 노사 30년 경력 HR 전략, 인재 관리, 역량개발, 변화관리 경험 경영학 박사, 경영지도사, 코치, 저자
	보완 영역	생성형 AI 활용 기술과 SNS마케팅 최신 HR 기술 및 도구에 대한 지식 영업 역량과 네트워크
	주요 성과	15개 HR 프로젝트, 16편 논문, 3권 저서 한국경영학회 KBR최우수논문상, 산업통상자원부장관상
필요 기술/지식	필요 핵심 기술	생성형 AI 활용, HR 외 비즈니스 컨설팅
	필요 지식/자격증	빅데이터 분석 기사, 직업상담사 영업 상담 스킬, 중소기업 정부 정책 내용
행동 계획 (타임라인을 설정하기)	단기 / 분기	개인 블로그 개설
	단기 / 반기	빅데이터 분석기사, 평가/심사 위원 10개 등록 HR/컨설팅/데이터 전문 네트워크 5개 활동
	단기 / 1년	중소기업, 창업 등 정부 지원 정책 마스터 HR/경영 컨설팅 관련 도서 1권
	중기 장기 / 3년	경영기술지도사회 지회장 HR/경영 컨설팅 관련 도서 1권
	중기 장기 / 5년	HR 컨설팅 법인 설립
	검토 및 조정 시기	6개월마다 진행 상황 검토 및 계획 조정
자원 및 지원	이용 가능한 내외부 자원	경영학회 및 박사 네트워크, HR 네트워크 컨설팅 업계 파트너십
	필요한 지원과 협력	다양한 산업의 클라이언트와의 협력

chapter

04

회사가 제시하는 보상 조건
알아보기

제4장
회사가 제시하는 보상 조건 알아보기

---

1 일상이 된 희망퇴직

우리 주변에 희망퇴직이 얼마나 자주 있는지, 희망퇴직 위로금은 어느 정도 지급되고 있는지 통계를 찾아 보려고 했지만, 아쉽게도 정리해 놓은 자료를 찾을 수 없었습니다. 신문기사 검색을 통해 최근 3~4년 정도 진행되어 온 희망퇴직을 정리하면서, 생각보다 많은 기업에서 반복적으로 실시하고 있다는 것을 알게 되었습니다. 또한, 희망퇴직 위로금이라는 명목으로 지급되는 특별퇴직금과 그 항목도 실시하는 기업별로 규모와 내용에 있어 차이가 크게 나타나는 것을 보면서, 내가 대상이 된다면 어떻게 해야 하는지, 이러한 상황에서 좀 더 현명하게 대처하는 방법은 없을지 하는 여러 가지 생각이 들었습니다.

1 21년 희망퇴직 실시 기업 관계도 분석

뉴스빅데이터 분석 서비스를 제공하는 빅카인즈[12] 기사 검색 서비스를 통해서 최근 희망퇴직과 관련된 기사와 실시 기업을 검색해 본 결과입니다. 2021년 희망퇴직 관련 기사는 1,457건이며, 관계도 분석 결과를 보면 은행권, 보험회사, 카드사, 롯데그룹의 다수 계열사들이 주요한 클러스트를 형성하고 있습니다. 2021년은 금융권과 롯데 계열사에서 희망퇴직이 많이 이루어졌음을 알 수 있습니다.

---

12 빅카인즈: 종합일간지, 경제지, 지역일간지, 방송사 등을 104개 언론사에서 제공하는 국내 최대의 기사DB에 빅데이터 분석 기술을 접목한 뉴스 분석 서비스를 제공한다.

그림 4-1   2021년 기사 검색 관계도 분석

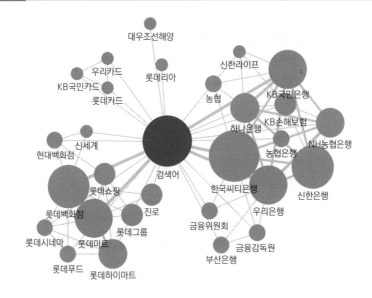

2 22년 희망퇴직 실시 기업 관계도 분석

그림 4-2   2022년 기사 검색 관계도 분석

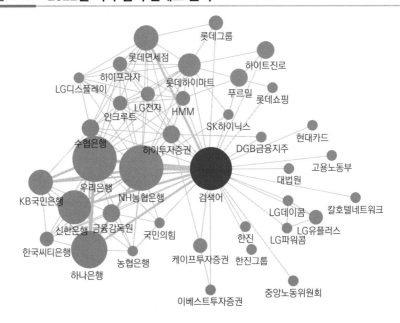

2022년 희망퇴직 관련 기사는 1,143건이며, 관계도 분석 결과를 보면 은행권, 롯데그룹의 일부 계열사, LG그룹의 계열사, 증권 회사들이 주요한 클러스트를 형성하고 있습니다. 은행권과 롯데그룹은 21년과 22년 연속하여 희망퇴직을 실시하고 있으며, LG그룹의 계열사와 증권 회사들이 신규로 희망퇴직을 실시한 기업군에 포함되었습니다.

3 23년 희망퇴직 실시 기업 관계도 분석

그림 4-3   2023년 기사 검색 관계도 분석

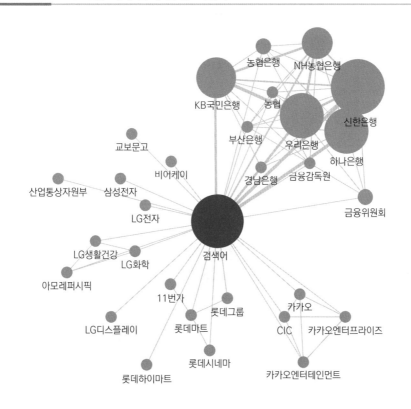

2023년 희망퇴직 관련 기사는 1,449건이며, 관계도 분석 결과를 보면 은행권, 롯데그룹의 계열사, LG그룹의 계열사, 카카오그룹의 계열사들이 주요한 클러스트를 형성하고 있습니다. 은행권과 롯데그룹은 21년, 22년, 23년 3년 연속

희망퇴직을 실시하고 있으며, LG그룹의 계열사는 22년과 23년 연속하여 희망
퇴직을 실시하고 있습니다. 빅테크 기업인 카카오의 계열사들이 신규로 희망퇴
직을 실시한 기업군에 포함되었습니다.

4 24년 희망퇴직 실시 기업 관계도 분석

2024년 7월 18일 기준, 2024년 희망퇴직 관련 기사는 1,647건이 검색되
었습니다. LX한국국토정보공사에서도 희망퇴직을 발표하였지만, 아직 상세 내
용은 나오지 않았습니다. 24년 연말까지 관련 기사는 최근 4년 중 가장 많은
3,000~3,500여 건이 될 것으로 생각됩니다.

그림 4-4   2024년 기사 검색 관계도 분석

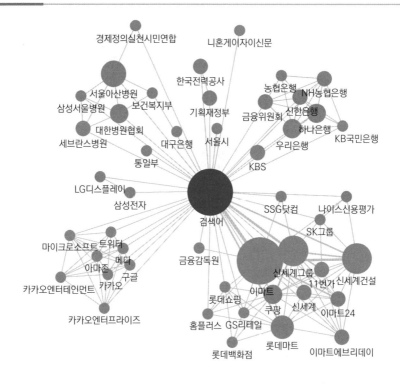

관계도 분석 결과를 보면 은행권, 롯데그룹의 계열사, 신세계그룹의 계열사,
카카오그룹의 계열사, 병원들이 주요한 클러스트를 형성하고 있으며, LG디스

플레이와 삼성전자가 눈에 띕니다. 은행권과 롯데그룹은 21년부터 4년 연속 희망퇴직을 실시하고 있으며, 빅테크 기업인 카카오의 계열사들도 2년 연속으로 이름을 올리고 있습니다. 올해는 연초부터 신규로 병원들이 희망퇴직을 실시하고 있는 것으로 나타나고 있는데, 이는 윤석열 정부의 의대 정원 2000명 증대 정책의 영향으로 병원의 수익 악화에 영향을 미친 것으로 해석될 수 있습니다.

언론매체 검색에서는 주로 인지도가 높은 기업들 중심으로 노출되는 경향이 있습니다. 이들 기업들의 희망퇴직 실시 빈도를 고려해 보면 기업에서 희망퇴직을 상당히 보편적으로 실시하고 있다는 것을 알 수 있습니다. 언론에 노출되지 않은 기업들까지 포함한다면 희망퇴직은 매우 흔하게 우리 주변에서 접할 수 있을 것 같습니다. 내가 대상이 될 수도 있고, 내가 아니더라도 나의 동료들이나 지인 중에서 누군가는 희망퇴직을 실시하는 기업의 직원일 수 있습니다. 희망퇴직의 대상이 되어 심리적인 쇼크를 받고, 현실적인 선택지들을 탐색해야만 하는 상황에 놓여 있는 분들이 많을 것 같습니다.

2 기업별 희망퇴직 보상 조건

1 희망퇴직 보상 조건 자료 조사 방법

"희망퇴직을 하면 나는 어느 정도의 목돈을 손에 쥘 수 있을까? 이 정도 돈이면 미래 재설계가 어느 정도 가능할까?" 하고 고민하는 분들을 많이 있습니다. 다니고 있는 회사가 다른 회사에 비해 적정하게 희망퇴직에 따른 보상을 하고 있는지 공정성에 의문을 가지시는 분들도 계시지만, 막상 통계자료를 찾으려면 찾기가 어렵습니다. 그래서 언론 매체를 통해 발표된 희망퇴직 위로금과 관련된 자료들을 정리를 해 보았습니다. 희망퇴직을 실시하는 기업들이 보상으로 내거는 조건들을 살펴보면 법정 퇴직금, 희망퇴직 위로금, 학자금, 전직지원금 정도이며, 실시하는 회사별로 많은 차이가 있습니다.

희망퇴직을 실시할 경우에는 법정 퇴직금과 함께 일반적으로 희망퇴직 위로금을 지급하고 있으며, 희망퇴직 위로금은 명예퇴직금, 퇴직 위로금, 창업지원금, 전별금 등 회사마다 여러 가지 명칭으로 사용하고 있습니다. 희망퇴직 위로금은 법에 의해 명문화된 내용이 아니며, 또한 반드시 지급해야 할 의무가 있는 사항이 아닙니다. 이러한 이유로 희망퇴직 위로금의 규모나 내용 항목에 있어서 실시하는 회사마다 다르게 적용되고 있습니다. 최고경영자의 경영철학, 실시하는 그해의 경영상황이나 노사합의의 내용에 따라 동일한 회사라도 실시할 때마다 보상 조건은 달라질 수 있습니다.

법정 퇴직금은 근로소득이 아닌 퇴직소득으로 인정되기 때문에 근로소득세 대비 세금이 적게 나옵니다. 또한, 희망퇴직 위로금도 퇴직소득으로 분류될 수 있으며, 퇴직소득으로 분류될 경우 퇴직소득세가 부과됩니다.

희망퇴직 위로금이 퇴직소득으로 인정되기 위해서는 희망퇴직 위로금에 대한 지급 기준이 퇴직급여규정, 취업규칙에 포함되어 있거나 노사합의에 의해 퇴직위로금이 지급되어야 합니다. 노사합의는 노동조합과 합의를 의미하며, 노동조합이 없는 경우에는 근로자의 과반수를 대표하는 자(근로자 대표)와 합의를 거쳐 희망퇴직 위로금을 지급하면 됩니다.

희망퇴직 위로금은 금융감독원이나 통계청에서 관리를 하고 있지 않으므로 정확한 통계자료가 없어 언론에 발표된 자료와 지인들에게 확인한 이야기를 종합해 봤습니다.

2 금융권의 희망퇴직 조건

금융감독원 통계 집계 기준으로 보면 국민은행, 신한은행, 우리은행, 하나은행, SC제일은행, 한국씨티은행의 7개 시중은행 정규직 인원이 20년 12월말 62,912명에서 23년 12월말 56,056명으로 3년간 약 11% 정도인 6,856명이 줄어들었습니다.

은행연합회에서 발표한 '2023 은행 경영 현황 공개 보고서'에 따르면 21년부터 23년까지 3년간 5대 은행의 희망퇴직 규모는 총 6,860명인 것으로 보고되었습니다.

표 4-1 5대 은행 희망퇴직 인원

은행명	희망퇴직 인원
KB국민은행	2205명
NH농협은행	1292명
우리은행	1251명
신한은행	1230명
하나은행	882명

출처: 2023 은행 경영 현황 공개 보고서

은행권이 희망퇴직을 매년 실시하는 이유는 비대면·디지털로 급격히 변화하고 있는 금융 환경에서 경쟁력을 확보하기 위해 '조직 슬림화'의 필요성이 커졌기 때문입니다. 은행 점포에서 실시해 온 많은 업무가 비대면으로 가능해짐에 따라 점포 수를 줄이고 있으며, AI 은행원으로 대체하고 있습니다. 또한, 무점포로 운영되는 인터넷 전문은행들과의 경쟁이 심화되는 상황에서 기존의 은행 조직 운영 체제는 경쟁력을 약화시키는 원인이 될 수 있기 때문입니다.

이러한 지속적인 인원 감축의 영향으로 은행권의 실적이 크게 개선되었다는 보도가 있습니다. 뉴스투데이의 보도에 의하면 "하나은행은 지난해 직원 1인당 충당금적립전이익(충전이익)이 4억1600만원으로 전년(3억6000만원) 대비 5600만원(15.5%) 증가했다. 충전이익은 은행이 거둔 총 영업이익에서 판매관리비를 뺀 금액을 직원 평균으로 나눈 값으로 생산성 현황을 확인할 수 있다. 농협은행의 직원 1인당 충전이익이 3억3800만원으로 전년(2억5100만원)보다 8700만원(34.7%) 늘었다. 같은 기간 신한은행은 3억300만원에서 3억1500만원으로 1200만원(3.7%), 국민은행은 2억6400만원에서 3억1200만원으로 4800만원(18.1%) 각각 증가했다. 우리은행도 지난해 2억8900만원으로 전년(2억8000만원) 대비 900만원(3.2%) 확대됐다."라고 하면서 이러한 실적 개선은 그동안의 대규모 희망퇴직을 통해 인건비를 축소한 것이 중요한 이유라고 설명하고 있습니다.

표 4-2 금융권의 희망퇴직 조건

업체명	대상	23년 조건	24년 조건
KB국민은행	1972년생부터*	23~25개월치 급여	18~31개월치 급여
NH농협은행	근속 10년 이상·40세~56세	56세 28개월치 급여 일반직원 20~39개월치 급여	56세 28개월치 급여 일반직원 20개월치 급여
신한은행	근속 15년 이상 또는 40세 이상	연차와 직급에 따라 9~36개월치 월평균 급여	7~31개월치 급여
하나은행	근속 15년 이상·40세 이상 일반직원	24~36개월치 급여	23년말~24년초 조건 24~31개월치 급여 1968~1971년생: 자녀 학자금, 의료비, 재취업/전직지원금 24년 6월 조건 24~28개월치 평균임금 1969~1972년생: 자녀 학자금, 의료비, 재취업/전직 지원금
우리은행	관리자: 1975년 이전 출생자 책임자/행원: 1978년 이전 출생자	24~36개월치 급여	24~31개월치 급여
SC제일은행	정년연장 은퇴 프로그램 적용 또는 임금 피크제 적용 직원		최대 27개월치 급여
DGB대구은행	1968년생		24~30개월치 급여
KB손해보험	45세 이상·근속연수 10년 이상 또는 근속연수 20년 이상 또는 임금피크제		최대 36개월분 급여, 생활 안정 자금, 전직지원금 또는 학자금, 본인·배우자 건강 검진비, 재고용 프로그램
한화손해보험	45세 이상·근속연수 15년 이상		20~32개월 평균 급여 기타 지원비 3800만원
메리츠화재	30세 이상		38개월치 급여
현대카드	근속 15년 이상	36개월치 급여	36개월치 급여

| 우리카드 | 1969년 이전 출생자 | 24~36개월치 급여 | 24~31개월치 급여 |

은행권의 경영실적 개선 대비 희망퇴직 위로금의 규모는 매년 줄어들고 있습니다. 희망퇴직 위로금은 23년 최대 36개월치 급여에서 24년에는 최대 31개월치의 급여입니다. 은행의 실적은 개선되고 있는데, 은행 직원들의 희망퇴직 위로금은 매년 줄고 있는 것입니다. 하나은행은 19년부터 매년 2회 정기적으로 준정년 특별퇴직을 실시하고 있는데, 24년 6월 두 번째 희망퇴직을 발표했습니다. 23년말에서 24년초 실시한 희망퇴직에서는 최대 31개월치 평균임금을 희망퇴직 위로금으로 지급했는데, 6개월이 지난 24년 6월 다시 실시한 희망퇴직에서는 최대 28개월치로 축소가 되었습니다.

은행들은 매년 희망퇴직을 실시하고 있으므로 24년 연말에는 희망퇴직을 발표할 것으로 예상되는데, 하나은행이 기준점이 되어 위로금의 규모가 더욱 축소될 것 같습니다.

그동안 은행은 국민들의 이자로 잔치를 한다는 비판을 많이 받아 왔지만, 24년초 기준으로 LG 계열사보다 희망퇴직 위로금의 규모가 적은 최대 2년 7개월치 급여이며, 매년 규모가 축소되고 있으므로 더 이상 이러한 비난을 하기는 어려울 것 같습니다. 은행권의 노동조합이나 근로자 대표라면 이러한 실적에 근거하여 희망퇴직 위로금을 규모를 좀 더 늘리거나 학자금이나 전직지원금 등 다른 항목으로라도 실적 개선의 혜택이 돌아갈 수 있도록 협상을 전개할 여지가 있을 것으로 생각됩니다.

KB손해보험은 7월 18일 희망퇴직 실시를 발표했는데, 손해보험업계는 통상 3년 주기로 시행하는 경향이 있습니다. KB손해보험은 "인력구조 고령화·고직급화가 가속되고 있어 신규채용 감소와 승진 적체 요소로 작용하고 있다"며 "이러한 인력구조가 경쟁력 저하로 이어질 수 있으므로 활기 있고 역동적인 인력구조를 위해서 희망퇴직을 진행하게 됐다"고 실시 사유를 설명하고 있습니다. 신청 대상은 45세 이상·근속연수 10년 이상 직원 또는 근속연수 20년 이상 직원, 임금피크제 대상 직원 등입니다. 희망퇴직 보상 조건은 최대 36개월분

급여, 생활 안정 자금, 전직지원금 또는 학자금, 본인·배우자 건강 검진비, 재고용 프로그램 등으로 좋은 보상 조건을 제시하고 있습니다. 또한, 본인 희망에 따라 계약직으로 재고용하는 프로그램을 함께 운영하고 있습니다.

한화손해보험은 2021년 5월 이후 3년만에 희망퇴직을 실시했습니다. 한화손해보험 관계자는 희망퇴직 실시 사유로 "회사 사업목표 도달에 적합한 인력 구조 마련을 위한 선별적 출구 전략"과 "회사 성장에 기여한 직원들에게 전직 등 제2의 기회를 제공하기 위한 것"이라고 말했습니다. 희망퇴직 대상자는 만 45세 이상이면서 근속연수 15년 이상인 직원이며, 1971년 4월 1일 이전 출생자도 포함합니다. 희망퇴직 보상 조건은 근속연수에 따라 최소 20개월치에서 최대 32개월치 평균임금을 위로금으로 받습니다. 위로금 외에도 전 직급 동일하게 기타 지원비 3800만원을 지급받았습니다.

메리츠화재는 9년만에 희망퇴직을 실시했는데, 만 30세 이상 직원이 대상이며, 희망퇴직 위로금, 자녀학자금, 전직지원금, 의료지원금을 지급했습니다. 메리츠화재는 경영실적의 악화가 아닌 우수 인재 영입과 인원 재배치를 위한 조직 쇄신 차원에서 진행된 것으로 알려졌습니다.

우리카드는 1969년생까지 희망퇴직 대상이며, 위로금의 규모는 최대 31개월로 우리은행과 비슷한 것으로 알려졌습니다. 우리은행과 우리카드는 23년 대비 5개월치의 급여가 위로금에서 삭감되었습니다.

현대카드는 근속 15년 이상이 희망퇴식 대상이며, 위로금으로 최대 36개월치의 급여가 지급되었습니다. 36개월치의 급여라고 하면 좋은 조건이지만, 임금 중 기본급의 비중은 70% 정도이며, 성과급(24년초 연봉의 31% 지급) 중심으로 임금체계를 운영하고 있는 상황을 고려해서 타 기업과 비교해야 할 것으로 생각됩니다. 신한카드는 22년과 23년 희망퇴직을 실시했지만, 24년은 7월 기준으로 실시하지 않고 있습니다.

3 유통업체의 희망퇴직 조건

11번가는 23년 4개월치 급여에서 24년 3개월 급여를 희망퇴직 위로금으로 지급했습니다. 23년 실시할 때는 5년 이상 근속, 35세 이상 직원 대상으로 실시했지만, 10여 명 정도의 인원만 참여했습니다. 11번가의 인원이 1200여 명인 것을 고려하면 참여율이 매우 낮았습니다. 이에 24년에는 대상을 전 직원으로 확대했지만, 희망퇴직 위로금은 3개월치 급여로 낮아졌고, 이와 함께 외주비용을 줄이기 위해 50여 명의 인원을 전환 배치한 것으로 보도되고 있습니다.

사실 이 정도 금액의 희망퇴직 위로금이라면 희망퇴직보다는 구조조정에 가깝다는 느낌인데, 굳이 자발적 퇴직인 희망퇴직으로 진행하는 이유는 무엇일까? 이렇게 되면 희망퇴직 실시로 인한 인원감축 및 고정비 감소의 효과는 미미한데, 11번가에서 희망퇴직을 하는 이유가 무엇일까 생각해 보면 단순히 비용적인 측면보다는 다른 이유가 있을 것으로 짐작이 됩니다. 이러한 점을 잘 고려하여 11번가 직원들은 희망퇴직을 결정하고, 추가 협상의 가능성을 함께 타진할 필요도 있다고 생각합니다.

표 4-3 **유통업체의 희망퇴직 조건**

업체명	대상	23년 조건	24년 조건
11번가	전 직원 대상	4개월치 급여	3개월치 급여
이마트	근속 15년 이상		40개월치 급여(2년치 급여) 생활지원금 2500만원 전직지원금 1000~3000만원 재취업 컨설팅
롯데홈쇼핑	45세 이상 & 근속 5년 이상	2년치 연봉 재취업 지원금 자녀학자금	
롯데면세점	43세 이상 & 근속 10년 이상		통상임금 32개월 전직지원금 2000만원 대학생 자녀학자금 1000만원(최대 3명)

롯데백화점	근속 20년 이상 & 저성과자		기본급 36개월 자녀학자금 재취업 지원금
롯데온	근속 3년 이상		6개월 급여
SSG닷컴	근속 2년 이상 본사 직원		24개월치 급여

　최근 이마트가 창립 31년만에 처음으로 전사 희망퇴직을 실시한다는 뉴스가 나왔습니다. 이마트의 희망퇴직 위로금의 규모와 지원 항목을 보면 사원들을 배려하는 느낌을 받을 수 있습니다. 한채양 대표는 그동안 임직원들의 헌신적인 노력으로 이마트가 유례를 찾기 힘들 정도로 빠르게 성장을 해 왔지만, 이제 회사의 매출은 정체되고 수익은 급감하여 위기의 상황에서 변하지 않으면 생존을 보장할 수 없게 되었다는 메시지를 전했습니다. 또한, 합당한 보상과 명예로운 퇴직이 될 수 있도록 회사가 최선을 다하겠다며 희망퇴직을 시행하는 이유를 공표하였습니다.

　희망퇴직을 진행하다 보면 회사의 발표와 달리 권고사직형으로 희망퇴직이 진행되거나 대기발령, 지방 전보 등 상당한 마찰과 갈등들이 생기는 경우가 많이 있습니다. 그렇지만, 이렇게 회사의 대표이사가 직접 사원들에게 고개를 숙이고 최선을 다하겠다는 변이라도 하는 회사는 책임을 지는 경영자의 모습을 보여 주는 것 같아 한편으로 반갑기도 합니다. 사실 많은 회사들이 노동조합이나 근로자 대표, 조직책임자들에게 일방적으로 설명하고 시행하고 있는 것이 현실입니다.

　일선에서 면담을 진행하고 희망퇴직의 목표치를 달성해야 하는 HR의 입장에서는 상당히 난감한 상황들을 많이 접하게 되는데, 대표이사가 이렇게 전면에 나서 주면 사원들에게 좀 더 도움이 될 수 있도록 배려적인 면담을 진행할 수 있는 여지가 생기게 됩니다.

이마트 임직원 여러분 안녕하십니까?

먼저 어려운 경제 상황과 극심한 경쟁 속에서도 각자의 자리에서 최선을 다해 일하고 계시는 모든 임직원 여러분께 감사의 말씀 드립니다.

올해로 31년째를 맞이하고 있는 우리 이마트는 1993년 첫 개점이래 대한민국에서 유래를 찾아보기 힘들 정도로 빠르게 성장하였습니다. 이후 수 많은 선배들이 회사에 기여해왔고, 현재도 3만명에 이르는 우리의 동료들이 현장을 지키고 있습니다.

우리 이마트의 임직원들은 지난 30년간 헌신적인 노력으로 회사의 성과를 이루어 왔습니다. 또한 회사는 임직원의 처우와 복리후생을 향상시키기 위해 노력해왔었고, 워라밸을 위해 주33 시간 근무제를 도입하는 등 성과를 주주, 임직원, 회사가 공유한다는 경영철학을 꾸준히 실천해 왔습니다.

하지만, 지금 우리 이마트를 보면 과거의 화려했던 모습은 찾아보기 힘든 게 현실입니다. 매출은 정체되고 수익은 급감했습니다.

여전히 많은 사람들은 이마트에 대해 좋은 말들을 쏟아내고 있지만 얼은 없는 이야기일 뿐 입니다. 냉정한 자본시장은 이마트의 위기를 강하게 경고하고 있습니다. 여기서 변하지 않으면 우리 모두의 생존은 보장받을 수 없을지도 모릅니다.

회사가 어려움을 털어내고 강한 이마트로 되돌아가기 위해서 어떻게 해야할 지 많은 고민을 하였습니다. 오프라인 3사를 통합하여 시너지를 창출하고 점포 출점을 재개하며 기존 점포는 효율을 극대화할 수 있도록 구성을 바꿔 나가고 있습니다. 하지만 오랜 기간을 통해 비대해진 조직의 문제를 해결하지 않는다면 그 어떤 노력도 허사가 될 것입니다.

회사는 지난 수년 간 이런저런 이유로 비대해지고 복잡해진 조직을 슬림화하고 계층을 단순화할 절대적인 이유에 당면하고 있는 것입니다. 조직의 슬림화와 계층의 단순화는 필연적으로 인력의 축소로 이어질 수 밖에 없습니다.

이에 아주 무거운 마음으로 창사이래 처음으로 희망퇴직을 시행하고자 합니다. 여러분들이 오랜 기간 몸 담으며 열정과 애정을 쏟아 부었던 회사가 최근의 어려움을 이겨내기 위해서는 뼈를 깎는 변화가 필요합니다. 회사가 살아야 모두가 생존할 수 있다는 절박함으로 이번 선택을 하게 되었습니다.

함께 동고동락하던 동료를 떠나 보내는 결정은 큰 아픔이 따르는 일입니다. 하지만 이를 통해 이마트는 효율적이고 성과를 내는 조직으로 변할 것이며, 이는 이마트의 새로운 30년을 여는 힘이 될 것입니다.

희망퇴직에는 회사에서 준비한 합당한 보상을 하도록 하겠습니다. 또한 새로운 출발에 대한 지원을 아끼지 않으며, 명예로운 퇴직이 될 수 있도록 회사가 최선을 다 하도록 하겠습니다.

임직원 여러분께서도 수 많은 위기를 극복해 낸 이마트의 1등 DNA를 믿고, 이마트의 새로운 도약을 위한 이번 조치를 너그러운 마음으로 이해해주시기를 간곡히 부탁 드립니다.

감사합니다.

2024년 3월 28일
이마트 대표이사 한채양

emart

롯데백화점의 희망퇴직은 기본급 36개월치 위로금과 자녀학자금, 재취업 지원금을 지급합니다. 21년 진행된 희망퇴직보다는 기본급은 12개월치 늘었지만, 위로금과 학자금의 규모는 줄어든 것으로 알려졌습니다. 백화점 점포별로 근속 20년 이상 고과 하위 직원을 대상으로 점장 면담이 진행되었으며, 일부 직원만 콕 짚어 통보를 했고 강압적인 분위기에서 진행되었기 때문에 희망퇴직이라기보다는 권고사직이라는 내부 직원의 불만의 목소리가 있습니다.

디지털TV조선의 보도에 의하면 롯데백화점의 희망퇴직에 서명한 한 직원은 "어떤 이유인지 설명도 듣지 못한 채 점장실로 불려가 퇴사를 고민해 보라는 말만 듣다 나왔다"고 하면서 "회사에 대한 배신감이 너무 크고 힘들어서 그만 쉬려고 한다"고 토로했습니다. 회사의 사정으로 인해 희망퇴직이 진행되더라도 직원을 배려하는 모습보다는 경영의 논리로만 접근된 것 같아 씁쓸한 마음입니다.

롯데온은 2020년 출범한 롯데쇼핑의 전자상거래(이커머스) 사업부문입니다. 24년 5월 롯데온이 권고사직을 실시한다는 기사가 보도되었는데, 인원 구조조정을 위해 저성과자 대상으로 권고사직 면담이 실시되었습니다. 면담 대상은 팀장부터 대리급까지 포함되었습니다. 24년 6월 희망퇴직을 단행한다는 후속 기사가 나왔는데, 회사의 뜻대로 권고사직이 잘 진행되지 않았기 때문인 것으로 보입니다. 희망퇴직의 보상 조건으로 6개월분의 급여 또는 6개월간의 유급 휴직 후 퇴사로 롯데백화점과 보상 조건에 큰 차이를 보이고 있습니다. 롯데온의 인원 구조조정의 이유는 1분기 매출이 298억원으로 전년 동기 대비 1.7% 증가했지만, 영업손실이 224억원으로 전년도 대비 적자 폭이 크게 증가하여 결국 수익성 악화의 부담으로 인해 인원 구조조정이 진행되는 것입니다.

롯데면세점은 8월 6일 면세점 위기 극복 기틀을 다지기 위해 특별 조기 퇴직 프로그램을 실시한다고 발표하였습니다. 2022년 12월 대리급 이상을 대상으로 희망퇴직을 실시한 후 두 번째입니다. 이번 희망퇴직의 대상자는 43세 이상 직원 중 근속연수 10년 이상된 직원이거나 동일직급에 장기 체류하고 있는 직원입니다. 희망퇴직의 보상 조건은 통상임금 32개월치와 재취업 지원금 2000

만원, 대학교 재학 중인 자녀가 있는 직원에겐 자녀당(최대 3명) 1000만원의 학자금을 지원합니다.

김주남 대표이사는 7월에 '고강도 사업구조개선, 조직 슬림화, 전사적 인력구조조정'에 대한 임직원 대상 메시지를 발표한 후 8월에 희망퇴직, 인력 전환배치, 조직개편, 비용 축소 등의 고강도 구조조정을 하고 실시하고 있습니다.

본사 직원과 시내 영업점 영업사원 20여 명을 공항 인도장 근무로 전환 배치했고, 본사 인원을 콜센터, 공항 인도장, 물류 업무에 전환 배치했습니다. 인력구조조정은 조직개편과 병행하는 경우가 많은데, 마케팅부문과 빅데이터팀, 해외역직구팀, 브랜딩팀, 디자인팀 등을 폐지하고 업무를 통합하는 조직 슬림화도 진행하고 있습니다. 또한, 근무기강을 확립하기 위해 유연근무제와 재택근무자들에 대한 모니터링을 실시하고 있으며, 집중 근무시간에는 흡연, 업무 목적 외 티타임 등을 금지시켰습니다. 그 외 부서 업무추진비 50% 삭감, 해외 출장 시 동일 목적 출장자는 2명 이하로 제한하고, 임원도 10시간 이내 비행의 경우는 이코노미 클래스를 이용하게 했습니다.

SSG닷컴은 7월 5일 사내 게시판에 희망퇴직 실시 공지를 올렸습니다. SSG닷컴은 2019년 3월 이마트에서 분할된 법인으로, 2019년 818억원, 2020년 469억원, 2021년 1,079억원, 2022년 1,111억원, 2023년 1,030억원 등 최근 5년간 연속하여 적자를 기록하고 있습니다. SSG닷컴 측에서는 치열한 이커머스 경쟁 상황하에서 효율적으로 조직을 구성하고, 직원들에게 다양한 선택의 기회를 주기 위해 희망퇴직을 실시한다고 밝히고 있습니다. 희망퇴직 대상자는 근속 2년(22년 7월 이전 입사) 이상 본사 직원이며, 근속연수에 따라 6개월에서 최대 24개월치 월급여에 해당하는 금액을 위로금으로 받게 됩니다.

4 빅테크 기업의 희망퇴직 조건

카카오엔터프라이즈와 카카오엔터테인먼트는 같은 카카오 계열이지만, 희망퇴직 위로금의 차이가 큽니다. 카카오라는 이름을 사용하고 있다면, 어느 정도 표준화된 기준을 정하고 진행될 것으로 기대됩니다. 그렇지만, 두 회사의 희망퇴직 조건의 차이가 매우 큰 것을 보면서 '카카오 본사의 역할은 무엇인가? 카카오라는 이름으로 큰 공동체가 형성되어 있는 것인가?' 하는 의문을 가지게 되었습니다.

더군다나 카카오엔터테인먼트는 2021년 근속 6개월 이상 직원들의 연봉을 500만원 이상 일괄 인상하였으며, 복지수당 등 감안하면 실질적으로 1000만원 이상의 인상 효과입니다. 카카오엔터프라이즈는 2020년 880명에서 2021년 1081명으로 22.8%의 인원을 늘렸으며, 2022년에 카카오 계열사들은 전체적으로 15% 수준의 연봉 인상을 실시했던 것을 감안하면 CEO와 경영진들은 무슨 생각으로 경영을 하고 있는가 하는 생각을 해 봅니다.

카카오엔터프라이즈의 희망퇴직 프로그램은 다른 카카오 계열사 이동 지원, 내부 클라우드 및 검색 부문 CIC(사내독립기업) 이동, 이직·전직지원 등으로 진행되었습니다. 클라우드 외 사업부 1000여 명을 대상으로 진행하여 200여 명의 직원들이 회사를 떠난 것으로 알려졌는데, 희망퇴직 위로금 규모를 고려하면 카카오 계열사 내부 이동이 많았을 것으로 생각됩니다.

카카오 내에서도 차별적으로 진행된 희망퇴직 프로그램이 카카오 노동조합, 크루유니언의 활동에 어떤 영향을 미칠 것인지는 좀 더 긴 시간을 가지고 지켜볼 흥미로운 사건인 것으로 생각됩니다.

표 4-4 빅테크 기업의 희망퇴직 조건

업체명	대상	조건
카카오 엔터프라이즈 (23년)	클라우드 외 사업부	최대 6개월치 기본급 −5년 이상 근속: 6개월치 −3년 이상 근속: 5개월치 −1년 이상 근속: 4개월치 −1년 이하 근속: 3개월치 전직지원금 200만원
카카오 엔터테인먼트 (23년)	근속 10년 이상	최대 15개월치 기본급 −10년 이상 근속: 15개월치 기본급 −6년 이상 근속: 1년치 기본급

		−3년 이상 근속: 9개월치 기본급
		−1년 이상 근속: 6개월치 기본급
		전직지원금 500만원
엔씨소프트 (24년)	권고사직 통보 대상자 250여 명	3~6개월 급여

엔씨소프트는 5월에 대상자 250여 명을 선별하여 권고사직을 통보하는 방식으로 진행했습니다. 희망퇴직 위로금으로 3~6개월 급여를 지급하는 것으로 기사화 되었지만, 1년치까지 지급한다는 이야기도 들리고 있습니다. 노동조합에서는 "직원과의 소통이 먼저"라면서 김택진, 박병무 공동대표에게 "지금 당장 권고사직을 멈춰달라"고 항의를 했습니다.

기업평가사이트인 CEO 스코어의 2021년 3월 발표한 자료에 의하면 2020년 직원 대비 등기이사의 연봉 격차는 평균 10.7배입니다. 엔씨소프트는 직원과 등기이사 간 연봉 격차가 가장 큰 기업으로 나타났는데, 직원 평균 연봉은 9천610만원, 등기이사 평균은 94억5천300만원으로 격차가 98.4배입니다. 어느 기업보다 경영실적에 대해 임원들의 책임이 커야 할 기업인데 경영진과 임원들이 책임지는 모습은 잘 보이지 않는 것 같습니다.

5 LG 계열사/관계사의 희망퇴직 조건

LG 계열사들의 희망퇴직 조건은 대상 선정 기준만 다를 뿐 보상 조건은 거의 같다고 할 수 있습니다. 근속 10년 이상이거나 50세 이상이면 60개월 기본급(3년치 연봉)을 지급하고, 자녀학자금은 자녀 수 제한 없이 1명당 중학교 300만원, 고등학교 700만원이 지급되며, 대학교는 4학기 범위에서 학기당 400만원이 지급됩니다. LG 계열사들은 희망퇴직 대상자들이 희망퇴직을 신청하면 회사에서 이를 심사하여 확정하고, 퇴직 발령이 이루어지는 순서로 진행됩니다.

표 4-5 LG 계열사/관계사의 희망퇴직 조건

업체명	대상	23년 조건	24년 조건
LG화학	근속 5년 이상 정년퇴직 잔여기간 1년 미만 제외	10년 이상 60개월치 기본급 5년 이상 30개월치 기본급 자녀학자금	10년 이상: 60개월치 기본급 5년 이상: 30개월치 기본급 자녀학자금
LG전자	55세 이상 수년간 저조한 업무 성과 직원	최대 3년의 기본 연봉 자녀학자금	
LG생활건강	50세 이상 부문장·팀장 7년 이상 부문장 직급 10년 이상 팀장 직급 직원	최대 3년의 기본 연봉 자녀학자금	
히타치엘지 데이터스토리지 코리아	50세 이상 수년간 저성과 등급		최대 2.5년의 기본연봉 전직지원교육

LG전자는 경영상황의 악화 때문이 아니라 인력선순환 차원에서 희망퇴직을 진행해 왔습니다. 희망퇴직을 통해 사업의 경쟁력을 높일 수 있는 분야에 경력사원과 신입사원을 더 투입한다는 계획이기 때문에 전체 직원의 총 규모는 그대로 유지될 전망입니다. LG전자는 희망퇴직 외에도 Bravo My Life라는 창업지원 프로그램을 매년 운영하고 있습니다. 50대가 넘은 사원이 Bravo My Life를 신청하면 일정한 창업지원금을 제공하고, 1년 동안은 50%만 근무하면서 새로운 경력설계를 할 수 있는 프로그램입니다.

히타치엘지데이터스토리지는 LG전자의 투자사입니다. 쇠퇴기에 접어든 광디스크드라이버 사업과 신사업의 실적 부진으로 사업구조조정을 실시했습니다. 연봉의 최대 2.5배를 특별위로금으로 지급하고, 대상자들이 원하면 전직지원 프로그램을 제공하고 있습니다.

⑥ 매일유업, SPC그룹, 한국전력, KBS, 대우건설 희망퇴직 조건

매일유업은 2023년에 50세 이상 직원들을 대상으로 통상임금의 18개월치 급여와 퇴직 후 2년간 경조사 물품 제공, 재취업 교육을 지원했습니다. 퇴직 후에 경조사 물품 지원은 다른 회사들에서 찾기 힘든 지원 항목인데, 큰돈을 들이지 않고도 회사에서 배려하고 있다는 느낌을 줄 수 있는 좋은 지원 프로그램인 것 같습니다.

SPC그룹은 2023년에 근속 15년 이상, 45세 이상, 과장급 이상을 대상으로 최대 1년 6개월치의 급여와 1년치의 학자금을 지원했습니다.

한국전력은 24년 4월 창사 이래 두 번째 희망퇴직을 실시하고 있는데 입사 3년차 미만과 임금 반납 미동의자를 제외한 전 직원을 대상으로 진행되고 있습니다. 연차에 따라 3~18개월치의 월급을 희망퇴직 위로금으로 지급하는데, 이를 위해 임직원 80% 이상으로부터 성과급 반납의 동의서를 받아 위로금 재원 120억원을 마련했다고 하니, 여기에 동의하는 과정에서 발생했던 한전에 대한 비판과 부정적 인식은 쉽게 짐작할 수 있을 것 같습니다.

국영방송매체인 KBS는 근속 1년 이상을 대상으로 희망퇴직을 실시했으며, 희망퇴직 위로금은 최대 기본급의 6개월치입니다. KBS는 희망퇴직과 특별명예퇴직을 함께 실시했으며, 특별명예퇴직은 근속 20년 이상일 경우 신청이 가능합니다. KBS의 인적 구조조정은 인건비에서 1000억원을 절감하여 1400억원 규모의 적자를 메우기 위한 것으로 알려졌습니다.

대우건설은 24년 6월 장기근속·고연차 직원을 대상으로 희망퇴직을 실시하며 2주 동안 희망퇴직 신청을 받는다고 사내공지를 올렸습니다. 희망퇴직의 보상 조건은 최대 22개월 퇴직 위로금, 2000만원의 특별위로금, 대학생 이하 자녀를 둔 직원은 1000만원의 학자금을 지급한다고 발표하였습니다. 이와 같은 보상 조건은 노사합의로 결정된 것이며, 특별위로금이 새롭게 추가되었고, 희망퇴직 규모는 정해지지 않았다고 대우건설 관계자는 말하고 있습니다. 희망퇴직을 실시하는 이유에 대해 대우건설 관계자는 "직원의 고령화·고직급화로 인해 만들어진 역피라미드형 인력구조는 조직의 역동성을 저해하고 새로운 청년 세대의 채용에 어려움을 주기에 기존에도 희망퇴직을 접수해 인력선순환 구조를 만들고자 노력해 왔다"며 "희망퇴직은 정년을 앞둔 직원들에게는 은퇴 후 생애 설계를 준비할 수 있는 기회로 회사와 직원 모두에 긍정적으로 작용할 수 있다"고 실시 이유를 밝혔습니다.

7 희망퇴직 표준 보상 조건에 대한 정책의 필요성

언론에 보도된 내용을 중심으로 희망퇴직에 따른 희망퇴직 위로금과 지원 항목을 정리해 보니 회사마다 대상자를 선정하는 기준과 대상자별 희망퇴직 위로금 지급 규모에 있어 상당한 차이가 있음을 알 수 있었습니다.

법정 퇴직금은 근로기준법에서 최소 기준을 명시하고 있지만, 희망퇴직 위로금과 같은 특별퇴직금은 회사에서 임의로 대상자와 보상 조건을 결정합니다. 동일한 회사라도 실시하는 시점에 따라 보상 조건은 변할 수 있으며, 언론에 보도되지 않는 기업들의 희망퇴직 보상 조건은 더욱 열악할 것으로 생각됩니다. 회사가 임의로 희망퇴직의 보상 조건을 결정할 수 있기 때문에 근로자가 어떤 회사에서 근무를 하고 있는지에 따라 희망퇴직의 보상 조건이 크게 달라지게 됩니다. 아무런 법적 제재나 기준이 없으며, 통계 조사도 하지 않습니다. 근로자의 입장에서는 그저 회사만 바라보고 있어야 하는 상황입니다.

회사를 선택하는 것은 근로자의 자유의지입니다. 근로의 대가로 받는 보상의 기준과 규모가 다르다는 것을 알고 회사를 선택하고 입사를 합니다. 근로계약은 근로자와 사용자 간의 자유의지에 따라 합의계약이 이루어졌으므로 근로의 양과 질, 보상 조건에 대해 양자 모두 책임을 가지고 신의성실의 원칙에 입각하여 계약을 이행할 의무가 있습니다.

그렇지만, 구조조정에 의한 희망퇴직은 근로자의 선택이 아닌데, 정부는 실업급여의 수급 대상자로 포함시킨 것만으로 정부의 의무를 다한 것 같은 느낌이 듭니다. 회사가 희망퇴직의 보상 조건을 정할 때 참고하고 따라야 할 정부의 가이드 라인이 필요하다고 생각합니다. 정부나 고용노동부에서는 희망퇴직 시 회사가 지급해야 할 표준 보상 기준을 제시할 필요가 있습니다. 또한, 희망퇴직을 실시하는 각 기업들이 그 현황과 결과를 정부에 신고하게 하고 정부는 매년 통계 처리하여 발표해야 합니다. 그렇게 되면 기업은 기업의 사회적 책임과 종업원에 대한 책임을 더 크게 의식하게 되며, 책임 경영을 위해 노력을 할 것입니다. 결과적으로 근로자들의 생존권의 강화뿐만 아니라 정부가 감당해야 할 희망퇴직자들에 대한 사회적 비용도 줄어들게 될 것입니다.

표 4-6 **2024년 기업별 희망퇴직 보상 최대 조건**

업체명	위로금 개월* (단위)	재취업 지원금	재취업 컨설팅	학자금	기타
11번가	4(급여)				
카카오엔터프라이즈	6(기본급)	200만원			
엔씨소프트	6(급여)				
KBS	6(기본급)				
롯데온	6(급여)				
카카오엔터테인먼트	15(기본급)	500만원			
매일유업	18(통상임금)		○		경조사 물품
한국전력공사	18(급여)				
SPC그룹	18(급여)			1년치	
대우건설	22(급여)	2000만원		대학생 이하 자녀 1000만원	
롯데홈쇼핑	2년(연봉)	○		○	
SSG닷컴	24(급여)				
SC제일은행	27(급여)				
NH농협은행	28(급여)				
DGB대구은행	30(급여)				
KB국민은행	31(급여)				

신한은행	31(급여)			
하나은행	31(급여)	○	○	의료비
우리은행	31(급여)			
우리카드	31(급여)			
롯데면세점	32(통상임금)	2000만원		대학생 자녀 1000만원(최대 3명)
한화손해보험	32(평균임금)			3800만원
롯데백화점	36(기본급)	○	○	
KB손해보험	36(급여)	○	○	건강 검진비 계약직 재고용
현대카드	36(급여)			
메리츠화재	38(급여)	○	○	의료비
이마트	40(급여)	3000만원	○	생활지원금 2500만원
히타치엘지데이터 스토리지	50(기본급)		○	
LG화학	60(기본급)			4학기
LG전자	60(기본급)			4학기
LG생활건강	60(기본급)			4학기

* 급여·기본급·통상임금·평균임금의 00개월치로 발표된 경우 발표 그대로 00개월로 표기함

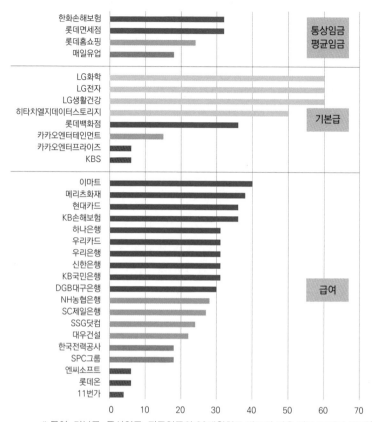

그림 4-5   2024년 기업별 희망퇴직 위로금(최대 지급 기준, 단위: 개월)

> 통상임금
> 평균임금

- 한화손해보험
- 롯데면세점
- 롯데홈쇼핑
- 매일유업

> 기본급

- LG화학
- LG전자
- LG생활건강
- 히타치엘지데이터스토리지
- 롯데백화점
- 카카오엔터테인먼트
- 카카오엔터프라이즈
- KBS

> 급여

- 이마트
- 메리츠화재
- 현대카드
- KB손해보험
- 하나은행
- 우리카드
- 우리은행
- 신한은행
- KB국민은행
- DGB대구은행
- NH농협은행
- SC제일은행
- SSG닷컴
- 대우건설
- 한국전력공사
- SPC그룹
- 엔씨소프트
- 롯데온
- 11번가

0   10   20   30   40   50   60   70

* 급여·기본급·통상임금·평균임금의 00개월치로 발표된 경우 발표 그대로 00개월로 표기함

정부의 역할 외에도 노동조합 또는 개별 근로자 스스로도 자신들의 역할을 해야 합니다. 평상시에는 기업이 경쟁력을 갖출 수 있도록 조직과 개인의 역량을 개발하고 생산성 향상을 위해 노력하여 기업의 지속가능성을 높이는 데 기여해야 합니다. 인력구조조정을 해야 하는 비상 시기에는 희망퇴직 보상 조건에 유동적인 요소가 있다는 것을 이해하고 회사측과 필요한 협상을 준비하고 진행해야 합니다.

희망퇴직의 보상 조건을 결정하는 데에는 당사자들 간의 대립적이고 분배적인 협상이 아닌 조직 전체 관점에서 상호 윈윈해야 한다는 통합적 관점에서 협상이 필요합니다. 회사의 생존과 사업구조의 건전성에 악영향을 미치는 보상의 과도한 지급은 회사에 남아 있는 동료들에게 추가적인 구조조정이라는 악순환의 고리로 돌아 올 수 있습니다. 그렇지만, 적정 수준에서 경제적 지원과 배려는 희망퇴직자들에게 직접적인 도움이 될 뿐만 아니라 회사에 계속 근무해야 하는 직원들에게는 회사에 대한 신뢰감을 높여주게 됩니다. 근로자들이 회사를 믿고 계속 근무할 수 있는 여건이 조성되면 근로자들이 더욱 업무에 몰입하고 사업이 성장하는 선순환의 고리를 만들게 할 수도 있습니다.

희망퇴직의 조건은 상황에 따라 유동적인 요소가 있습니다. 희망퇴직이 진행되는 중에도 최초 발표된 것과 다르게 집단 전체 또는 개별적으로 협상 과정을 통해서 학자금, 전직지원교육, 복리후생, 근무기간 연장 등 차별적인 보상이 적용되는 경우도 있습니다. 노동조합(또는 근로자 대표)이나 희망퇴직 대상자인 개인은 통합적인 관점에서 보상 조건의 적정성에 대해 적극적으로 검토하고 회사측과 전략적인 협상을 진행할 필요가 있습니다.

chapter

05

감정의 변화 이해와
자기 돌봄 전략

제5장
감정의 변화 이해와 자기 돌봄 전략

1 희망퇴직자가 겪는 일반적인 감정의 유형

희망퇴직 대상자로 통보받는 순간부터, 그 후에 따르는 감정적 변화는 개인마다 다를 수 있습니다. 그렇지만, 대부분의 사람들은 비슷한 감정적 단계를 경험하게 되며, 이러한 감정적 변화를 이해하는 것은 희망퇴직이 진행되는 과정을 스스로 통제하는 데 중요한 첫걸음이 될 수 있습니다.

희망퇴직의 대상자가 되었을 때 희망퇴직을 적극적으로 준비하고 희망해 온 사람과 여러 가지 이유로 현 직장에서 계속하여 근무하고 싶은 욕구가 강한 사람은 경험하는 감정이 다릅니다. 이러한 감정은 희망퇴직이라는 변화에 대해 긍정적으로 반응하는 감정과 부정적으로 반응하는 감정의 두 가지 유형으로 나누어 볼 수 있습니다. 희망퇴직의 유형으로 볼 때 대표적으로 제2유형인 "희망퇴직형 희망퇴직 대상자"는 긍정적으로 반응하는 감정을 겪게 되며, 제3유형인 "권고사직형 희망퇴직 대상자"는 부정적으로 반응하는 감정을 겪게 됩니다.

2 희망퇴직에 따른 긍정적인 감정의 흐름

희망퇴직에 대해 긍정적인 감정을 경험하게 되는 분들은 적극적이고, 긍정적으로 희망퇴직을 기다려 온 분들입니다. 이분들은 희망퇴직을 기회라고 생각하고, 희망퇴직에 수반되는 큰 보상을 기대하며, 자발적으로 회사를 떠날 수 있는 시기를 기다려 온 분들입니다. 희망해 왔던 퇴직은 긍정적인 변화에 해당되는 것으로 긍정적인 변화에 직면하는 사람들이 겪게 되는 감정들이 있습니다. 희망퇴직을 인생의 터닝포인트로 받아들이고, 희망퇴직을 할 때까지 앞으로 다가올 긍정적 변화를 기대하면서 일련의 감정을 경험하게 됩니다.

Daryl Conner는 시간의 흐름에 따라 겪게 되는 "변화에 대한 긍정적 반응"을 막연한 낙관(uninformed optimism), 현실적 비관(informed Pessimism), 점검(Checking Out), 희망적인 현실(Hopeful Realism), 낙관에 대한 확신(Informed Optimism), 실행(Completion)으로 설명하고 있습니다.

그림 5-1   변화에 대한 긍정적[13] 반응

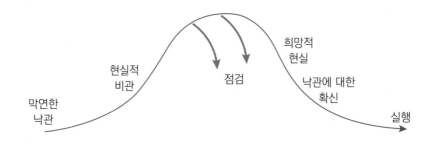

희망퇴직을 언제 시행할 것인지 조직책임자나 인사 담당자에게 확인하면서 희망퇴직을 원한다는 의사를 밝혀 오거나 적극적으로 조용한 퇴사를 준비하는 분들이 있습니다.

희망퇴직 실시에 대한 공지가 발표되고, 자신이 조건 대상자에 포함되면, 희망퇴직을 기다려온 분들은 '막연한 낙관'이라고 하는 초기 반응을 하게 됩니다. 퇴직 후 수입과 지출의 안정적인 구조가 만들어질지, 성공적인 경력 전환이 될지 등 충분한 확신을 가지는 것은 아니지만, 희망퇴직을 통해 얻을 수 있는 목돈을 이용하여 자신들이 원하는 삶을 주도적으로 만들어 갈 수 있다는 막연한 기대와 희망을 가지게 됩니다.

---

13   Darly Conner가 1992년 Managing At the Speed of Change에서 제시했다.

그렇지만, 희망퇴직 이후의 삶에 대해 보다 많은 구체적인 정보를 얻게 되면, 초기의 '불확실하지만 막연한 낙관'의 단계가 '현실적 비관'의 단계로 바뀌는 시기를 겪게 됩니다. "다닐 수 있을 때까지 회사를 다니는 것이 좋다", "퇴직 후 소득절벽" 등 먼저 퇴직한 선배들의 이야기를 접하면서 희망퇴직 후의 삶이 결코 녹록지 않다는 현실을 구체적으로 인지하게 됩니다. "퇴직을 하는 것이 과연 맞는가?", "내가 그동안 쌓아 온 것, 누려온 것들을 너무 많이 잃게 되지는 않는가?", "새로운 일터 또는 창업에서 성공할 수 있을까?" 등과 같은 두려움과 의구심을 가지는 비판적인 단계를 정도의 차이는 있지만 필연적으로 거치게 됩니다.

이러한 과정에서 희망퇴직을 새로운 삶의 계기로 만들겠다는 스스로의 다짐과 그동안의 준비를 다시 점검하면서 때로는 좌절하게 되고, 결심을 바꾸게 될 수도 있습니다.

자신이 그동안 준비해 온 것을 다시 한번 점검하면서 마음을 더욱 굳게 먹고, 앞으로 닥쳐 올, 해결해야 할 이슈가 무척 많겠지만, 이 터널의 끝은 밝고 희망적이라는 '희망적 현실'에 대한 확신을 가지는 단계로 접어들게 됩니다. 이 과정을 거치면서 대부분의 갈등과 어려움은 극복될 수 있으며, 희망퇴직을 해야 하는 이유를 더욱 명확히 하고 실행에 옮기게 됩니다.

그리고 나면 희망퇴직과 퇴직 이후 재정, 가족, 웰빙, 경력 전환, 사회적 관계 등 대부분의 의구심이 해결되거나 변화의 상황을 스스로 통제할 수 있다는 강한 자신감을 가지게 됩니다. "희망하는 퇴직"을 실행하게 되며 이후의 삶을 주도적으로 개척해 나가는 과정을 거치게 됩니다.

③ 희망퇴직에 따른 부정적인 감정의 흐름

마음의 준비, 재정적 준비, 경력 전환의 준비 등이 되어 있지 않은 데, 갑자기 희망퇴직을 통보받게 된 분들이 겪게 되는 감정의 흐름입니다. 이분들은 희망퇴직을 통보받을 때 강한 정신적 충격을 받게 됩니다. 원하지 않는 희망퇴직은 부정적인 변화에 해당되는 것으로 부정적인 변화에 직면하는 사람들이 겪게 되는 감정들이 있습니다. 아마도 희망퇴직이라고 하면 이러한 부정적인 감정을 먼저 떠올리고, 많은 분들이 고통을 겪게 되는 것 같습니다.

시간의 흐름에 따라 초기 안정적 상태(stability), 충격(immobilization), 부정 (denial), 분노(anger), 협상(bargaining), 의기소침/우울(depression), 시도(testing), 수 용(acceptance)의 감정들이 나타납니다. 이러한 감정들은 누구에게나 나타나는 일반적인 감정의 단계라고 Elisabeth Kübler-Ross[14]는 이야기하고 있습니다.

그림 5-2 변화에 대한 부정적 반응

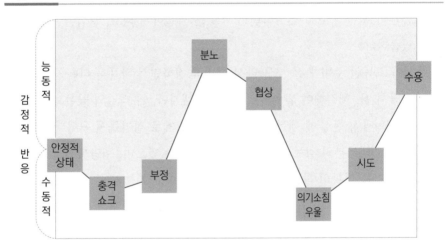

희망퇴직 대상자들과 면담해 보면 이와 상당히 유사한 감정의 흐름을 겪고 있다는 것을 확인할 수 있습니다. 희망퇴직이 아니더라도 승진에 탈락한 사람, 직책에서 면직된 조직책임자, 해임을 통보받은 임원 등 부정적인 변화를 겪게 되는 사람들에게서 공통적으로 나타나는 감정인 것을 알 수 있습니다.

---

14 Elisabeth Kübler-Ross가 1969년 '죽음과 죽음(On Death and Dying)'에 관한 책에서 불치병 에 걸린 사람이 겪는 일반적인 심리적 경험을 '부정(Denial), 분노(Anger), 협상(Bargaining), 우 울/의기소침(Depression), 수용(Acceptance)' 5단계로 설명했으며, Doug Jordan은 이를 변화 관리 관점에서 확장하여 부정적인 변화에 대한 일반적인 심리적 경험을 8단계로 설명하고 있다.

1 초기 반응: 충격과 부정

희망퇴직 대상자로 선정되었다는 소식을 통보받게 되면 대부분의 사람들은 강한 쇼크와 함께 현실을 부정합니다. 이 초기 반응은 자연스러운 인간의 심리 반응으로, 예상치 못한 부정적인 변화에 대한 첫 번째 감정입니다.

1 충격(쇼크)

충격(쇼크) 단계에서는 믿을 수 없음, 혼란, 심지어는 정신과 신체가 마비되는 듯한 감정을 느끼게 됩니다. 이 시기에는 소식을 듣고 나서 몇 시간 또는 며칠 동안 정신이 없고, 무엇을 해야 할지 몰라 혼란스러워할 수 있습니다. 사람들은 종종 자신이 잘못 들었다거나 상황이 잘못 전달되었다고 생각하며, 받아들이기 어려운 현실을 회피하려 합니다.

2 부정

부정 단계는 충격(쇼크)의 자연스러운 후속 단계로, 이때 사람들은 일어난 일이 실제로 자신과 관련이 없다고 믿으려 합니다. "이런 일이 나에게 일어날 리가 없어", "분명히 해결 방법이 있을 거야"와 같은 생각으로 현실을 부정하며, 일시적으로라도 불편한 현실로부터 자신을 보호하려 합니다.

희망퇴직 대상자로 통보받은 김○○씨의 이야기입니다.

김○○씨는 IT 회사에서 15년 넘게 근무해 온 중견 개발자입니다. 그는 항상 회사의 주요 프로젝트에 참여해 왔으며, 자신의 직장이 안정적이라고 믿어 의심치 않았습니다. 타사 대비하여 연봉이 높은 것은 아니지만, 직장의 근무 분위기와 조직문화에 대해 만족해하면서 근무했습니다. 하지만 어느 날, 회사의 대규모 구조조정 소식과 함께 희망퇴직 대상자 명단에 자신의 이름이 포함되어 있다는 통보를 받습니다.

김○○씨는 희망퇴직 대상자 통보를 받고 몇 분 동안 말을 잇지 못했습니다. 그는 '아니, 그럴 리가 없어. 나는 그동안 회사에서 중요한 역할을 해왔는데, 지금도 열심히 일을 하다가 팀장이 잠시 보자고 했을 뿐이야. 나의 일이 사라진다 것을 믿을 수 없어.'라고 생각하며 현실을 받아들이지 못했습니다. 몇 시간 후, 그는 상황을 냉정하게 분석하고 판단하려 했

김○○씨의 경우처럼, 희망퇴직 대상자로 선정되었다는 소식을 처음 접했을 때 강한 쇼크와 상황을 부정하는 감정적 반응을 일으킵니다. 이러한 반응은 자연스러운 과정의 일부이며, 시간이 지나면서 사람들은 점차 현실을 받아들이고 감정의 다음 단계로 나아가게 됩니다.

2 감정적 롤러코스터: 분노, 협상, 우울

희망퇴직 대상자로 통보받고 나면, 롤러코스터처럼 감정이 급격히 변하는 경험을 하게 됩니다. 이러한 감정적 경험은 나만이 느끼는 특별한 것이 아니라 일반적으로 나타나는 것입니다. 이 단계에서는 강한 쇼크와 부정의 초기 감정적 반응이 분노, 협상, 그리고 우울로 이어지게 됩니다. 이러한 감정은 개인이 부정적인 상황을 처리하고 적응하는 과정의 일부로 누구에게나 나타나는 감정의 단계입니다.

1 분노

분노 단계에서는 현재의 상황에 대한 화 또는 분노가 일어나는 것을 느끼게 됩니다. 이는 회사, 특정 동료, 심지어는 자신에 대한 분노일 수 있습니다. 이때의 분노는 상황이 공정하지 않다고 느끼거나, 자신이 더 나은 대우를 받아야 한다고 생각할 때 더욱 강해질 수 있습니다. 실제로 화를 참지 못하고 의자를 발로 차거나 쾅 소리가 날 정도 문을 강하게 닫는 사람도 있고, 자신의 상사나 인사 담당자에게 자신의 업적과 성과를 이야기하면서 주체할 수 없는 감정에 큰 소리로 분노를 표출하는 사람들도 있습니다. 때때로 면담하는 인사 담당자에게 밤길을 조심하라는 협박성 발언을 하는 경우도 있습니다.

2 협상

협상 단계는 상황을 어떻게든 바꿀 수 있다는 희망을 가지고 다양한 가능성을 모색하는 시기입니다. 이 시기에는 '내가 더 열심히 일하면 상황이 달라질지도 몰라', '다른 부서로 옮겨서 계속 근무할 수도 있을 거야', '구매팀장이 지난번에 나에게 함께 일해 볼 생각이 없냐고 했는데, 내가 필요한 부서가 있을 거야'와 같은 생각을 할 수 있습니다.

어떤 사람들은 희망퇴직을 피할 수 없는 상황이라고 인식하여 이를 빨리 수용하고, 더 나은 보상을 받기 위한 현실적인 협상을 시도하기도 합니다. 대개의 경우 이러한 협상은 성과를 내지 못하지만, 계속해서 협상을 시도하는 사람들도 있습니다.

③ 우울

우울 단계는 협상의 노력이 허사로 끝나고, 상황을 바꿀 수 없다는 현실을 인정하게 되면서 찾아옵니다. 이 단계에서는 희망퇴직 이후에 "소득이 없고, 지출만 많아진 재정적 불안감", "출근할 직장이 없는 자신의 모습", "가장으로서 무력감" 등 자신의 삶에 미치는 부정적인 영향을 실감하게 되며, 이로 인해 우울감이나 무력감의 단계를 경험하게 됩니다.

자존감과 자신감이 훼손되는 우울의 단계를 적절하게 통제하지 못하고 이단계에 매몰되면, 스트레스로 인해 정신적, 신체적으로 심각한 손상을 받을 수 있습니다. 많은 직장인들이 겪을 수 있는 일이 나에게도 나타난 것이므로, 지나치게 자신을 폄하하면 안 되겠습니다. 스스로의 감정을 통제하기 어렵다고 생각되면 심리 상담사 등 전문가의 도움을 적극적으로 받는 것이 중요합니다.

희망퇴직 대상자인 박○○씨의 이야기입니다.

박○○씨는 개발 부서에서 근무하는 경력 20년 차 연구원입니다. 최근 회사는 자신이 참여해 온 신사업을 철수하는 것으로 결정하였습니다. 신사업을 수행해 오던 동료 연구원들, 영업 직원들이 갑자기 업무가 없어지게 되면서 모두 희망퇴직 대상자 명단에 올랐습니다.

박○○씨는 신사업의 성공을 위해 헌신한 노력과 시간을 떠올리며 깊은 분노를 느꼈습니다. '신사업의 성공을 위해 개발인 내가 영업사원처럼 발로 뛰고, 다른 부서와 싸워가며 신사업 프로세스를 구축했는데, 그동안의 고생한 대가가 이건가?'라고 생각하며 화가 치밀어 올랐습니다. 'CEO의 지시를 완수하는 것이 회사를 살리는 길이라 믿고 쉬지 않고 달려왔는데, 왜 신사업의 책임을 내가, 직원들이 져야 하는가?'라는 생각에 분노가 치밀어 올랐습니다.

시간이 조금 지나자 박○○씨는 마음이 차분해졌습니다. 그는 상황을 바꿀 방법을 모색하기 시작했습니다. 부서 이동, 희망퇴직 보상 조건 상향 조정, 근무기간 연장 등 다양한 가능성을 고려하며 상사와의 면담을 요청했습니다. 그러나 상사는 '나도 대상자다'라며 함께 이런 결정을 내린 회사와 인사 책임자에 대한 분노와 비난을 쏟아냈습니다.

박○○씨는 인사 책임자와 직접 이야기를 해야겠다고 결심하고 면담을 요청했습니다. 인사 책임자는 "회사의 경영상 불가피한 일에 대해 유감입니다. 박○○씨만 대상이 아니고 많은 직원들이 희망퇴직 대상자 조건에 해당됩니다. 안타까운 일이지만, 박○○씨만 특별 대우를 해 줄 수는 없습니다. 희망퇴직을 강요하는 것은 아닙니다만, 회사의 상황을 이해해 주시기 바랍니다. 다음에 희망퇴직을 실시한다면 보상 조건이 더 나빠질 수도 있습니다. 정말 경영상황이 심각해지면 무급휴직, 정리해고 등을 해야 할 수도 있는데, 이번이 좋은 기회일 수도 있습니다. 잘 판단하시기 바랍니다."라는 원론적인 답변만을 하며 면담이 끝났습니다.

협상 시도가 무위로 돌아가고, 희망퇴직이 불가피한 현실임을 깨달았을 때, 박○○씨는 큰 우울감에 빠졌습니다. 자신의 직업 정체성과 미래에 대한 불확실성으로 인해, 일상생활에서도 에너지를 잃고 흥미를 느끼지 못했습니다.

박○○씨의 사례에서 볼 수 있듯이, 희망퇴직 대상자로 선정된 후 겪는 감정적 롤러코스터는 매우 인간적이고 자연스러운 과정입니다. 각 단계는 개인이 상황을 인식하고, 자신의 감정과 생각을 조정해 가는 과정에서 나타납니다. 이 과정을 통해 사람들은 결국 새로운 현실에 적응하고, 앞으로 나아갈 방향을 모색하기 시작합니다.

박○○씨가 우울 단계에서 벗어나기 위해서는 충분한 시간과 자기 성찰, 그리고 적절한 사회적 지원이 필요합니다. 우울감을 극복하는 방법은 개인마다 다르지만, 이를 극복하기 위해 적극적으로 노력해야 합니다.

심리 상담사와의 상담을 통해 자신의 감정을 깊이 이해하고, 상황을 극복하는 데 필요한 전략을 배울 수 있습니다. 또한, 가족, 친구, 동료와 같은 사회적 지원 네트워크를 활용하여 감정을 공유하고, 격려와 조언을 받는 것이 중요합니다. 현재의 어려운 상황을 받아들이고, 새로운 경력 목표를 설정하거나 개인적인 취미와 관심사를 탐구함으로써 긍정적인 자신의 모습을 발견할 수 있습니다. 이러한 과정은 박○○씨가 자신감을 회복하고, 새로운 시작을 준비하는 데 큰 도움이 될 것입니다.

3 수용과 긍정적 전환

희망퇴직 과정에서 겪는 감정적 롤러코스터의 마지막 단계는 수용과 긍정적 전환입니다. 이 단계에서는 희망퇴직이라는 현실을 받아들이고, 희망퇴직을 개인의 성장과 새로운 삶의 기회로 전환하게 됩니다. 수용 단계에 도달하면, 사람들은 자신의 상황을 냉정하게 평가하고, 희망퇴직이 불가피한 결정이라는 것을 이해합니다. 이러한 수용은 부정적 감정에서 벗어나, 새로운 시작을 준비하는 데 중요한 역할을 합니다.

1 수용의 중요성

희망퇴직의 결정이나 상황을 있는 그대로 인정하는 것은 수용의 첫걸음입니다. 이는 부정, 우울, 분노의 단계를 넘어서서 현실을 직시하고 앞으로 나아갈 수 있는 토대를 마련해 줍니다. 수용은 자신이 경험하는 감정을 조절하고 관리할 수 있게 도와줍니다. 감정을 인정하고 표현하는 것은 매우 중요하며, 이 과정을 통해 자신의 내면과 더 깊이 연결될 수 있습니다. 희망퇴직을 수용하면서 자신의 감정을 솔직히 받아들이고, 이를 통해 더 나은 내일을 준비할 수 있게 됩니다.

2 긍정적 전환의 과정

긍정적 전환의 과정을 통해 현재의 상황을 기회로 삼아, 새로운 경력 목표의 설정, 개인적인 가치의 추구, 혹은 오랫동안 열망해 왔던 취미와 관심사에 집중할 수 있게 됩니다. 목표를 설정하는 것은 앞으로 나아갈 방향을 제시해 주고,

목표 달성에 필요한 시간과 에너지를 공급해 주며, 행동으로 옮기게 하는 동기가 됩니다. 희망퇴직을 새로운 시작으로 받아들이고, 자신의 강점, 능력, 열정을 재평가하여 이를 바탕으로 새로운 기회를 모색하게 됩니다. 이는 직업적 전환뿐만 아니라 개인적인 삶에 대한 만족과 성취감을 높이는 데도 중요합니다.

새로운 기술을 배우거나 관련 교육과정에 참여함으로써, 자신을 계속 발전시키고 노동시장에서의 가치를 높일 수 있습니다. 평생학습의 태도는 변화하는 시대에 적응하는 데 필수적입니다. 이를 통해 새로운 직업적 기회를 찾고, 자신을 더욱 발전시켜 나갈 수 있습니다. 또한, 새로운 사회적, 전문적 네트워크를 구축하고 기존의 관계를 강화해야 합니다. 이러한 네트워크는 정보 교환, 지지, 기회의 발견에 중요한 역할을 하며, 더 넓은 세상과 연결되고, 다양한 가능성을 탐색할 수 있게 됩니다.

희망퇴직을 새로운 기회로 전환시킨 김○○씨의 이야기입니다.

김○○씨는 대형 은행에서 근무하던 중 희망퇴직을 선택한 전직 은행원입니다. 처음에는 불확실한 미래에 대한 두려움과 상실감을 느꼈지만, 시간이 지나면서 상황을 받아들이기 시작했습니다.

수용 단계를 거치며, 김○○씨는 자기 자신의 욕구를 탐색하고 직장에서의 일을 통해 쌓은 경력을 돌아보게 되었습니다. 현재의 직장을 떠나 자기 자신을 위한 새로운 경력 개발 계획서가 필요하다는 것을 알게 되었습니다. 전문적인 지식과 스킬 그리고 오랜 기간 동안 일을 하며 경험을 쌓은 금융 분야를 기반으로 개인 재무 설계 전문가가 되기로 결심했습니다.

이를 위해 관련 자격증을 취득하고, 온라인 강의를 준비했습니다. 김○○씨는 자신의 열정과 경험을 살려 새로운 경력을 구축했습니다. 이제는 더 많은 사람들에게 금융 지식을 공유하며 큰 만족감을 느끼고 있습니다. 김○○씨는 자신의 전문성을 강의라는 다른 분야에 적용함으로써, 새로운 기회를 창출했습니다.

김○○씨의 사례는 희망퇴직을 경험하면서 겪는 감정적 롤러코스터를 긍정적인 전환으로 이끌어낸 성공적인 사례입니다. 그녀는 수용과 긍정적 전환의 과정을 통해 자신의 삶을 새롭게 디자인하고, 의미 있는 변화를 만들어냈습니다.

모든 변화는 위기이며 기회입니다. 김○○씨는 초기의 두려움과 불안을 긍정적인 에너지로 전환시켜, 자신의 삶에 긍정적인 변화를 만들어냈습니다. 이는 긍정적인 태도가 얼마나 중요한지를 보여줍니다. 그녀는 현재 자신의 새로운 경력에서 만족감을 느끼며, 많은 사람들에게 영감을 주고 있습니다.

희망퇴직의 과정은 각 개인에게 독특한 여정입니다. 이 여정에서 겪는 감정적 변화를 관리하고, 현실을 수용하며, 긍정적인 전환을 향해 나아가는 것은 쉽지 않은 과제입니다. 하지만 김○○씨의 사례는 이러한 과정을 성공적으로 이끌어 낸 좋은 예시입니다.

적절한 계획과 준비, 그리고 긍정적인 태도를 가지고 접근한다면, 희망퇴직은 새로운 기회의 문을 열어줄 수 있습니다. 자신만의 경험과 열정을 바탕으로 새로운 길을 모색하는 과정에서, 개인은 자신의 잠재력을 발견하고, 삶의 새로운 단계로 나아갈 수 있는 기회를 만들 수 있습니다.

4 감정적 변화 관리와 자기 돌봄 전략

희망퇴직은 단순히 직업적 전환 이상의 의미를 가지며, 감정적으로 깊이 있는 변화를 수반합니다. 이 과정에서 감정적 변화를 잘 관리하고, 적극적인 자기 돌봄 전략을 취하는 것이 매우 중요합니다. 이를 통해 개인은 변화의 시기를 긍정적인 개인적 성장의 기회로 전환할 수 있습니다.

1 감정적 변화관리: 감정의 인식과 표현, 스트레스 관리 기술

감정적 변화를 관리하기 위해서는 먼저 자신의 감정을 깊이 이해할 필요가 있습니다. 이는 감정을 인식하고, 표현하며, 조절하는 과정을 포함합니다.

① 감정의 인식과 표현

감정을 인식하고 표현하는 것은 자기 인식의 첫걸음이며, 감정적 건강을 위해 필수적입니다. 자신이 느끼는 감정을 정확히 인식하고, 이를 건강하게 표현하는 것이 중요합니다.

- **일기 작성**: 매일의 생각과 느낌을 일기에 기록해 보세요. 이는 자신의 감정

을 명확히 파악하고, 변화하는 감정의 패턴을 이해하는 데 큰 도움이 됩니다. 일기 쓰기는 자기 반성의 기회를 제공하며, 감정을 명확하게 표현하고 정리하는 데 효과적입니다. 매일 작성하는 일기가 어렵게 느껴진다면 일회성이라도 현재의 상황과 감정을 있는 그대로 자세하게 기술해 보는 것도 도움이 됩니다.

- **대화하기**: 신뢰할 수 있는 친구나 가족과 상황과 감정을 공유해 보세요. 다른 사람의 관점에서 조언을 듣는 것은 상황을 객관적으로 이해하고 받아들이는 데 큰 도움이 될 수 있습니다. 대화를 통해 감정을 표현하면 내면의 부담이 줄어들고, 정서적 지지를 받을 수 있습니다.
- **창의적 활동**: 예술, 음악, 춤과 같은 창의적 활동을 통해 감정을 표현해 보세요. 이러한 활동은 내면의 감정을 외부로 표출하는 효과적인 방법입니다. 예술적 활동은 감정의 해소뿐만 아니라 새로운 시각을 통해 문제를 바라보게 하는 힘이 있습니다.

② 스트레스 관리 기술

스트레스 관리는 정신적, 신체적 건강을 유지하기 위해 중요합니다.

- **명상과 요가**: 명상을 통해 마음의 평화를 찾고, 요가로 신체적 긴장을 풀어 보세요. 규칙적인 명상과 요가는 마음을 진정시키고 스트레스를 줄이는 데 도움이 됩니다. 명상과 요가는 심신의 조화를 이루고, 스트레스 해소에 큰 도움이 됩니다.
- **깊은 호흡**: 스트레스를 받을 때는 깊은 호흡을 시도해 보세요. 깊고 천천히 호흡하는 것은 신체를 이완시키고 마음을 진정시키는 데 효과적입니다. 깊은 호흡은 자율신경계를 안정시켜 스트레스를 줄이는 데 도움이 됩니다.
- **자연 속 시간 보내기**: 산책이나 등산을 통해 신선한 공기를 마시며 자연의 아름다움을 느껴 보세요. 자연 속에서 시간을 보내는 것은 스트레스 해소에 매우 효과적입니다. 자연과의 교감은 심리적 안정과 휴식을 제공합니다.
- **심리 상담**: 심리 상담 전문가와의 상담이나 치료는 감정적 어려움을 극복하고, 정신적 건강을 유지하는 데 중요한 역할을 합니다. 필요한 경우 전문

가의 도움을 받는 것이 중요합니다. 전문적인 상담은 개인의 문제를 깊이 있게 다루고 해결책을 제시하는 데 도움이 됩니다.

- **사회적 연결 유지**: 사회적 관계는 정신건강에 긍정적인 영향을 미칩니다. 친구, 가족, 동료와의 꾸준한 소통과 교류를 통해 감정적 지지를 받고, 외로움과 고립감을 줄일 수 있습니다. 사회적 지지는 스트레스 상황에서 큰 힘이 됩니다.

② 자기 돌봄 전략의 실천

자기 돌봄은 신체적, 정신적, 감정적 건강을 유지하기 위한 의도적인 활동을 포함합니다. 또한, 새로운 취미와 열정을 탐색하는 것은 삶에 활력을 불어넣고, 자아실현에 기여합니다

- **건강한 생활 습관**: 건강한 생활 습관은 전반적인 웰빙에 기여합니다. 다양한 영양소를 포함한 균형 잡힌 식단을 유지하는 것이 중요합니다. 신선한 과일, 채소, 단백질, 통곡물을 충분히 섭취하고, 가공식품과 설탕은 줄여야 합니다. 균형 잡힌 식사는 신체 건강뿐만 아니라 정신적 안정에도 기여합니다.
- **충분한 수면**: 일정한 수면 스케줄을 유지하고, 매일 7~8시간의 수면을 통해 충분한 휴식을 취해야 합니다. 수면은 신체와 정신의 회복에 필수적입니다. 충분한 수면은 집중력과 기분 조절에 큰 영향을 미칩니다.
- **규칙적인 운동**: 주 3~5회, 하루에 최소 30분 동안 규칙적인 운동을 하는 것이 중요합니다. 운동은 스트레스를 줄이고, 기분을 좋게 하며, 건강을 유지하게 합니다. 운동은 신체적 건강뿐만 아니라 정신적 건강에도 긍정적인 영향을 미칩니다.
- **취미 클래스 참여**: 관심 있는 분야의 온라인이나 오프라인 클래스에 참여하면서 삶의 방식을 넓혀 보세요. 요리, 사진, 프로그래밍 등 다양한 분야에서 새로운 기술을 배울 수 있습니다. 새로운 취미는 일상에 신선한 변화를 가져오고, 자기 성장을 촉진합니다.
- **독서와 학습**: 새로운 주제나 관심 분야에 대해 책을 읽고 학습하는 것도 열

정을 탐색하는 좋은 방법입니다. 독서를 통해 얻은 지식은 새로운 아이디어와 관점을 제공하며, 개인의 성장과 발전에 큰 도움이 됩니다.

한○○씨는 희망퇴직 대상자로 통보받은 후 심리적으로 힘든 시기를 겪었습니다. 처음에는 불안과 두려움이 그녀의 일상을 지배했지만, 그녀는 이를 극복하기 위한 다양한 활동을 했습니다.

먼저, 자신의 감정을 인식하고 표현하는 데 집중했습니다. 매일 저녁 일기를 작성하면서 그녀는 자신의 감정을 솔직하게 기록하고, 이를 통해 감정의 패턴을 이해하게 되었습니다. 이는 감정적 해소와 자기 이해에 큰 도움이 되었습니다.

또한, 정신적 건강을 위해 심리 상담사를 만나면서 자신의 두려움과 불안을 극복하는 데 필요한 전략을 배웠습니다. 이러한 상담은 그녀에게 안정감을 제공하고, 어려운 상황을 더 잘 대처할 수 있는 도구를 마련해 주었습니다.

스트레스 관리를 위해 한○○씨는 요가와 명상을 새로운 일상으로 삼았습니다. 규칙적인 요가와 명상은 그녀에게 심신의 평화를 가져다 주었고, 스트레스를 효과적으로 관리하는 데 큰 도움이 되었습니다. 이러한 활동은 정신적 안정뿐만 아니라 신체적 건강에도 긍정적인 영향을 미쳤습니다.

또한, 새로운 취미로 그림 그리기를 선택했습니다. 예술적 활동을 통해 자신의 감정을 표현하면서 그녀는 내면의 안정을 찾았습니다. 그림 그리기는 단순한 취미를 넘어, 감정적 해소와 창의성 발현의 중요한 도구가 되었습니다.

건강한 생활 습관을 유지하기 위해 균형 잡힌 식단과 규칙적인 운동을 일상화했습니다. 신선한 과일과 채소, 단백질을 충분히 섭취하며, 매일 적절한 운동을 통해 신체적 건강을 유지했습니다. 이러한 습관은 그녀의 전반적인 웰빙에 큰 긍정적 영향을 미쳤습니다.

한○○씨의 사례는 감정의 인식과 표현, 스트레스 관리 기술, 건강한 생활 습관, 새로운 취미와 열정 탐색, 그리고 정신적 건강 관리가 희망퇴직과 같은 중대한 변화를 긍정적으로 극복하고 새로운 삶의 장을 열 수 있게 도와주는 것을 잘 보여줍니다. 그녀는 이러한 전략들을 통해 자신의 내면과 외부 세계에 대한 새로운 시각을 발견하고, 삶의 질을 향상시킬 수 있었습니다.

한○○씨의 경험은 자기 돌봄이 단순한 일시적인 해결책이 아니라, 지속적인 노력과 실천을 통해 이루어지는 과정임을 강조합니다. 정신적 건강을 유지하고, 스트레스를 관리하며, 건강한 생활 습관을 유지하는 것은 일상생활에서 꾸준히 실천해야 하는 것들입니다.

한○○씨처럼, 희망퇴직을 경험하게 되더라도 이를 새로운 시작의 기회로 바라보고 자신을 돌보며 긍정적인 변화를 위한 노력을 지속하는 것이 중요합니다. 감정의 인식과 표현, 스트레스 관리, 건강한 생활 습관, 취미와 열정의 탐색, 그리고 정신적 건강 관리는 모두 이 과정에서 중요한 역할을 합니다.

자기 돌봄과 긍정적인 삶의 태도는 변화와 위기 앞에서도 행복한 삶을 만들어가는 데 필수적인 요소입니다. 희망퇴직 후에도 개인의 노력을 통해 삶의 질을 향상시키고, 새로운 기회와 가능성을 발견하고, 원하는 모습으로 만들어갈 수 있습니다.

chapter

06

희망퇴직 보상 조건 협상하기

제6장
희망퇴직 보상 조건 협상하기

    희망퇴직의 보상 조건을 협상하는 것은 희망퇴직 대상자가 회사와의 합의를 통해 보다 나은 조건을 도출하는 과정입니다. 이 과정에는 퇴직 위로금, 근무기간, 재취업 지원 서비스, 교육 기회 등이 포함될 수 있습니다. 협상의 주요 목표는 퇴직하는 대상자가 경제적으로 안정감을 가질 수 있도록 하는 것이며, 전환기를 원활하게 만드는 데 있습니다. 협상이 잘 마무리되면 미래에 대한 불안을 줄일 수 있고 새로운 기회를 탐색하는 데 도움이 될 수 있습니다.

1 협상의 여지 확인

1 대규모 인원 감축 시 협상의 여지

    회사의 경영사정으로 대규모의 인원을 일시에 감축하는 선제적 구조조정의 경우, 희망퇴직의 조건은 전체 대상자에게 일률적으로 적용되는 기준이 정해져 있어서 협상은 제한적입니다. 퇴직 보상의 조건이 공정하게 적용되지 않는다고 느끼게 되면 조직 내 불만이 커지고, 희망퇴직의 목표 인원을 채우기가 어렵게 되기 때문에 회사는 개인별 차이를 두지 않으려고 합니다. 이런 이유로 희망퇴직 대상자들은 회사의 보상 조건을 받아들일 것인지 아닌지를 결정하는 데 집중하는 경향이 있습니다.

    하지만, 협상의 여지가 전혀 없는 것은 아닙니다. 회사의 상황과 자신의 가치를 잘 살펴보면 희망퇴직 조건을 유리하게 변경할 수 있는 가능성이 있으며 성공하는 사람들도 있습니다. 예를 들어, 프로젝트에 참여하고 있는 특정한 기술을 보유한 직원은 퇴직의 시기를 조정하는 데 성공하기도 합니다. 희망퇴직 조건의 협상을 위해서는 회사의 상황에 대한 이해와 자신의 가치를 명확히 이해하는 것이 중요합니다.

2 개별 퇴직 진행 시 협상의 여지

회사의 대규모 구조조정에 따른 희망퇴직 프로그램에 참여하는 것이 아니라 개인적으로 퇴직을 희망할 때도 회사와의 협상은 좀 더 고려해 볼 여지가 있습니다. 일반적으로 자발적인 퇴직은 회사에서 아무런 보상을 제시하지 않습니다. 그렇지만, 상황에 따라서는 회사가 퇴직을 대가로 기꺼이 보상을 지불할 수도 있습니다.

회사가 안정적으로 운영되고 있을 때 B급 사원이 자발적 퇴사를 신청하면 크게 주목하지 않습니다. 해당 인원이 퇴사를 하고 나면 그 자리를 다시 충원해야 하는데, 내보내는 것보다는 그대로 업무를 수행하게 하는 것이 회사로서는 이익입니다. 새로운 인재를 충원하게 되면 채용 비용과 교육, 조직 적응까지 업무 성과 하락 등 상당한 비용이 발생하기 때문입니다. 그렇지만, B급 인재가 회사를 떠나겠다는 신호를 보내오면 부서장 차원에서 설득하는 정도이지, 회사 차원에서 큰 비용을 지불하면서까지 무리하게 퇴직자를 붙잡기 위한 노력을 할 가능성은 별로 없습니다.

회사가 강하게 퇴직을 권유해야 하거나 지속 근무를 유도해야 하는 상황이 만들어질 수 있다면 협상의 여지는 커지게 됩니다. 예를 들면 해외지사장으로 있다가 귀임한 고임금의 직원이 퇴사할 의향을 가지고 있고, 회사에서도 맡길 만한 마땅한 직책이나 업무가 없어 인력 유지를 부담스러워하는 경우가 있을 수 있습니다. 이런 경우 회사와 개인 간 협상의 여지가 있으며, 퇴직원을 제출하기 전에 적극적으로 퇴직에 따른 보상의 협상 전략을 검토해 볼 필요가 있습니다.

입사한 지 2~3년밖에 되지 않았지만, 회사에서 부적응자로 판단해서 퇴직을 권유하는 사례가 있습니다. 해당 직원은 나갈 의향이 없었지만, 여러 가지 상황으로 퇴사를 결심하게 되었습니다. 그렇지만, 성급하게 퇴직원을 제출하지 않고 회사와 협상을 하여 이직이나 경력 전환에 도움이 되는 조건을 받아내는 데 성공한 경우도 있었습니다.

개별 협상에서 중요한 성공 요소 중 하나는 본인의 가치 평가와 함께 회사 내 인적 네트워크를 활용하는 것입니다. 회사 내에서 신뢰받는 인적 네트워크를 활용하면 협상력을 높일 수 있습니다. 회사의 관점에서 본인의 가치를 어느 정도 책정하고 있는지, 회사 내에서 움직일 수 있는 인적 네트워크가 어느 정도인지, 회사에 퇴직을 조건으로 무언가 보상을 요구해도 될 만큼 협상할 만한 카드를 가지고 있는지 등 상황을 잘 판단하여야 합니다. 이 경우에는 일률적인 퇴직 조건이 있는 것이 아니므로 상황에 따라 협상할 수 있는 사항들이 다양할 수 있습니다.

2 협상을 시도해 볼만한 보상 조건

1 개별 협상과 집단 협상의 영향력 차이

희망퇴직에 따른 보상의 조건을 협상한다는 것을 전제로 검토해 볼만한 보상 조건을 정리해 보았습니다. 보상 조건의 협상은 상황에 따라 다르겠지만, 개인보다는 근로자 집단을 대표하는 노동조합이나 근로자 대표가 더 큰 협상력을 발휘할 수 있습니다. 개인이 직접 보상 조건을 협상할 때에는 특혜와 공정성 등의 문제가 발생할 수 있으므로 자신이 원하는 조건에 대해 보안을 유지하고 협상을 진행하는 것이 바람직할 것입니다.

1 희망퇴직 위로금(특별퇴직금)

희망퇴직은 퇴직 위로금 명목으로 특별퇴직금을 책정하여 지급하는 경우가 대부분입니다. 이 위로금은 법정 퇴직금과 달리 회사에서 자체적으로 책정하기 때문에 특별한 법적 기준이나 제재가 없습니다. 해당 기업에서 희망퇴직 위로금 지급 기준을 정해서 공표하고 나면 개인별 조건을 달리하는 것은 공정성의 문제로 조정이 쉽지 않습니다.

그렇지만, 연차별 보상이 차별화되는 특정 연차의 집단, 사업을 철수하는 대상자 집단, 회사에서 타사 전직을 알선하는 집단 등 집단별 특별퇴직금에 차이가 있을 경우 개인이 아닌 집단별로 협상하면 성공 가능성이 조금 더 높아지게 됩니다. 개인의 의사에 따른 자발적 퇴직이라면 개별적으로 회사와 협상해야 하는데, 특별퇴직금을 한 푼도 못 받을 수도 있고, 상당한 수준의 특별퇴직금을 받게 되는 경우도 있습니다.

② 희망퇴직일의 조정

희망퇴직은 특정 기간에 신청을 받아서 같은 날짜에 퇴직하는 것을 기본 방향으로 설정하여 운영됩니다. 희망퇴직자가 특별퇴직금을 그대로 수령한다는 조건과 함께 퇴직일을 몇 개월이라도 조정할 수 있다면 사실상 조정된 기간만큼 특별퇴직금이 늘어난 것입니다. 조정된 기간의 월급, 퇴직금, 의료보험, 국민연금, 의료비 등 복리후생을 추가적으로 받을 수 있습니다. 조정된 기간이 2월, 8월 등 학자금 납부 기간을 포함하고 있다면 학자금까지 청구할 수 있는 가능성이 발생하게 되므로 희망퇴직일의 조정은 우선적으로 검토해야 할 중요한 보상 조건입니다.

중요한 프로젝트에 참여하고 있다면 프로젝트의 마무리를 위해, 권고사직형 대상자가 퇴직원 제출을 조건으로, 그리고 업무의 인수인계를 위해 일정 기간 동안 근무 후 희망퇴직하는 것으로 협상할 수 있습니다. 회사측에서는 예외를 두지 않으려고 하지만, 예외가 발생할 수 있는 상황들은 생각보다 많이 있습니다.

③ 계약직 근무

정년퇴직, 희망퇴직 등 퇴직자에게 일정 기간 계약직으로 근무할 수 있는 제도를 운영하는 회사들이 있습니다. 이런 제도가 없다고 하더라도, 현업에서 해당 근로자가 필요한 상황이라면 희망퇴직 기간 연장 또는 계약직으로 전환하여 일정 기간 근무를 계속할 수 있습니다.

④ 컨설팅 또는 프리랜서 계약

희망퇴직자의 전문 지식이나 경험이 퇴직 후에도 회사에서 일정 기간 필요한 상황이 있을 수 있습니다. 이런 경우 회사와 컨설팅 또는 자문 계약을 체결하여 고정 수입을 확보할 수 있습니다. 퇴직자가 적은 돈이라도 고정 수입원을 확보하는 것은 경력 전환의 성공에 중요한 요소가 됩니다.

⑤ 퇴직금 및 희망퇴직 위로금의 지급 방식 조정

퇴직금 및 위로금은 퇴직 후 14일 이내에 전액 IRP 계좌로 입금되어야 합니다. 회사는 행정 편의상 한 개의 IRP 계좌로 입금하고 있습니다만, 법적으로는 몇 개의 IRP 계좌로 나누어 입금이 가능합니다. IRP 계좌에는 퇴직소득세를 납부하지 않고 전액 입금되며, 이후 연금 수령 기간, 연금 수령 금액, IRP 계좌 해지 등에 따라 세금을 계산하는 방식에 차이가 있게 됩니다.

1개의 IRP 계좌에 들어가는 퇴직금과 위로금 중 필요한 금액만 인출하려고 하면, 일부 인출은 법적으로 안 되므로 IRP 계좌 자체를 해지해야 합니다. 이 경우 퇴직소득세 전체를 납부해야 하므로 절세가 어렵게 됩니다. 회사에서 어렵다고 하겠지만, 한 개의 IRP 계좌로 받을 것인지, 몇 개의 IRP 계좌로 나누어 받을 것인지는 협상의 여지가 있습니다. 55세가 넘는다면 연금 수령 대상자가 되므로 IRP 계좌를 해지하더라도 남은 돈을 연금저축으로 돌릴 수 있습니다.

⑥ 복리후생의 연장

4대보험과 같은 법정복리후생 제도는 모든 회사가 동일하게 적용해야 하지만, 학자금, 의료비 지원 등 그 외의 복리후생 제도에 대해서는 운영의 의무가 없습니다. 그렇지만, 많은 회사들의 우수 인재를 유치하고 유지하기 위해, 노동조합이나 근로자 대표와의 협상의 결과로 다양한 복리후생 프로그램을 개발하여 운영하고 있습니다.

이러한 복리후생의 지급 여부는 회사의 재량권이기 때문에 희망퇴직의 조건으로 협상해 볼만한 복리후생 프로그램은 없는지 검토해 볼 필요가 있습니다. 예를 들어 본인 또는 자녀학자금을 지급하는 복리후생 제도가 있다면 적극적으로 협상을 검토할 필요가 있습니다. 퇴직 후 자녀학자금은 큰 지출이므로 부담이 큰 항목입니다. 희망퇴직을 하면서 자녀학자금을 일시금으로 받을 수 있다면 퇴직 후 재무 설계에도 큰 도움이 됩니다.

⑦ 전직지원 등 교육 서비스 제공

희망퇴직을 통해 회사를 떠나는 사원들에 대한 보상과 배려는 남아 있는 구성원들에게도 상당히 긍정적인 영향을 미치게 됩니다. 많은 회사들이 희망퇴직자들을 위해 전직지원 전문업체를 활용하여 경력 코칭, 이력서 작성, 재취업 지원, 창업, 재무 설계 등 경력 전환에 실질적인 도움이 되는 전직지원 서비스를 제공하고 있습니다.

전직지원 업체는 3개월에서 6개월 정도 기간 동안 개인 맞춤형으로 서비스 프로그램을 진행하며 퇴직 후 경력 전환, 재무 설계, 심리적 안정 등에 큰 도움이 될 수 있습니다. 1인당 교육 비용이 2백만원에서 5백만원 정도로 비싼 편이므로 개인적으로 비용을 지불하는 것은 부담스럽습니다. 회사에서 전직지원 프로그램을 운영하는 것은 직원들에 대한 사회적 책임을 다한다는 차원에서 희망퇴직자뿐만 아니라 남아 있는 직원들의 심리적 안정에도 도움이 됩니다. 선제적 구조조정이 진행되는 경우라면 전직지원 프로그램의 운영을 요구해 볼 만합니다.

표 6-1 전직지원 서비스 업체

대표업체	주요 서비스 내용
맥시머스 코리아	진로설계 및 생애설계 지원을 위한 맞춤형 교육, 성공적인 전직(재취업, 창업 등) 및 생애 영역별(재무, 세무 등) 전문 컨설팅, 전직 활동을 위한 업무 공간 및 행정 지원, 경력목표 달성을 위한 취업 정보 제공 및 실행 지원 등 전직 과정의 단계별로 고객의 상황과 니즈에 따른 맞춤형 프로그램 운영

인제이매니지먼트	진로설계와 생애설계를 통한 성공적인 경력 전환 지원, 취업 성공 지원을 위한 대면 컨설팅과 구인정보 제공, 채용 경쟁력 강화를 위한 단계별 교육 제공 등
인지어스	개인 진단과 계획 수립, 재취업/창업 카운셀링, 취업경쟁력 강화 기술, 생애설계 컨설팅, 오픈 잡 서치와 잡매칭, 전담 컨설턴트 배정 등

⑧ 경업금지 조항 면제

경업금지 약정이란 현재 소속된 회사의 영업비밀을 보호하기 위해 퇴직 후 1년 정도의 일정 기간 동안에는 경업을 금지하는 것을 내용으로 합니다. 최근 경업금지 약정으로 인해 분쟁이 늘고 있으며, 경업금지 약정의 법적 효력이 문제가 되는 경우가 많이 있습니다.

회사에서 퇴직원에 일방적으로 경업금지 약정의 내용을 기재하고 있으며, 근로자는 별생각 없이 경업금지 약정에 서명하는 경향이 있습니다. 이러한 경업금지 약정으로 인해 퇴사 후 회사와 경쟁관계에 있는 타 회사에 취업을 하거나 회사를 설립할 경우에는 분쟁의 소지가 될 수 있습니다. 퇴직 이후에도 유사 업계에서 활동을 계속할 계획이 있다면, 경업금지 조항의 삭제 또는 문구 수정 등 비경쟁 및 기밀유지 약정(NDA)의 조건을 협상할 수 있습니다.

⑨ 정기상여금 및 인센티브 보상

퇴직 시점이 상여금 또는 인센티브를 지급하는 시기에 근접하거나 겹칠 수 있습니다. 이때 회사에서는 상여금 또는 인센티브를 지급하는 날짜에 재직하는 자에 한해 지급한다는 재직자 지급 조건을 취업규칙에 설정하는 경우가 있습니다. 이를 근거로 퇴직자에 대해 지급 날짜에 재직하지 않으므로 보너스 또는 인센티브를 지급하지 않으려고 합니다.

대법원(2022.4.28) 판례에 의하면 "단체협약 등에서 정기상여금을 특정 시점에 재직 중인 근로자에 한하여 지급한다는 규정을 둔 경우에도, 그 규정만을 근거로 이미 근로를 제공했더라도 특정 시점에 재직하지 않는 사람에게는 정기상여금을 전혀 지급하지 않는 취지라고 단정할 것은 아니다.", "지급일 이전에 퇴직한 사람에게 이미 근무한 기간만큼도 지급하지 않는다고 해석할 수 없다."라고 하면서 구체적인 사안에 대하여 개별적으로 판단해야 한다고 했습니다. 정기상여금이나 기타 인센티브 기반 보상에 대하여 근무한 날짜까지 비례 배분을 협상해 볼 여지가 있습니다.

10 주식 옵션 및 기업 지분

회사 지분이나 주식 옵션의 조건, 특히 퇴직에 따른 조기 실행이나 실행 기간 연장 등을 협상할 수 있습니다.

11 호칭이나 직위의 상승

현재의 호칭이나 직위를 퇴직 시점에 한두 단계 높일 수 있다면 재취업이나 컨설팅, 프리랜서 등 개인사업자로서 사업을 시작할 때 도움이 될 수 있습니다. 회사에서는 돈이 들어가는 것이 아니므로 협상의 대상이 될 수 있습니다.

12 추천서 요청

미래의 고용 기회를 위한 추천서 작성을 요청할 수도 있습니다.

13 공식 발표 협의

장기간 근속한 고위급 직원의 경우, 퇴직 발표 방법이나 발표 시점도 협상의 대상이 될 수 있습니다.

14 퇴사 후 경조물품 지원

회사에서 결혼, 출산, 사망 등 주요 경조사 시 제공하는 물품이나 서비스를 퇴사 후에도 일정 기간 동안 지원 받는 것을 협상해 볼 수도 있습니다.

15 자사 제품의 할인

이마트의 경우 희망퇴직 신청자가 기대에 미치지 못하자 접수 마감일을 1주일 연장하면서 희망퇴직자에게도 퇴직 후 10년간 재직 직원과 동일한 수준으로 이마트 할인 혜택을 제공하기로 했습니다. 직급별로 할인율은 차이가 있는데, 대략 5~10% 정도입니다.

3 회사가 부담스러워하는 것들

퇴직자는 회사와 협상을 통해 좀 더 나은 보상 조건을 얻어내고 싶어 하지만, 회사는 종종 협상을 꺼리는 경향이 있습니다. 특히 회사가 가장 부담스러워하는 것은 예외 인정과 그로 인한 예외의 확산입니다. 인사를 하다 보면 개인에 대한 배려 차원에서 특정 사례를 예외로 인정하는 경우가 있습니다. 그렇지만, 특정인에 대한 배려 차원의 혜택을 해당 대상자가 다른 사람들과 공유하는 등 어떤 식으로든지 알려지게 되면 불공정하다는 비난이 확산되게 됩니다. 그럴 경우 예외가 아닌 새로운 기준으로 자리매김하여 모든 대상자들에게 동일한 혜택을 적용해야 하는 상황이 발생할 수 있습니다.

회사에서는 희망퇴직이 법 위반, 파업, 언론 보도 등 사회적 문제로 확산되지 않고 조용히 정리되기를 기대합니다. 그렇지만, 회사에서 희망퇴직의 과정에서 다양한 상황들이 만들어지게 되며 회사측에서 무리하게 진행하다가 실수를 하는 경우도 있습니다. 권고사직형으로 희망퇴직이 진행될 경우 회사에서 강압적으로 퇴직을 지시하는 경우가 있습니다.

어떤 유형에 해당하든 희망퇴직은 자발적인 합의 퇴직인데, 노동법이나 인사 업무에 대해 잘 모르는 경영진이 특정인들을 내보내기 위해 불법적인 지시나 결정을 하는 경우가 있습니다. 마치 정리해고인 것처럼 언제까지 퇴직을 하라는 식으로 진행되는 경우도 있습니다. 이러한 통보를 받은 대상자는 극도의 스트레스로 인해 마음과 육체가 매우 불안정한 상태가 되며 회사를 상대로 어떻게 대응을 해야 할지 몰라서 퇴직원을 제출하는 경우가 있습니다.

근로자 입장에서는 회사의 이러한 무리한 진행을 잘 활용하면 자신에게 도움이 되는 결과를 만들어 낼 수도 있습니다. 지피지기면 백전백승이라는 이야기가 있습니다. 회사측의 상황과 취업규칙, 근로기준법 등을 충분히 이해하고 협상 전략을 세우는 것이 중요합니다.

4 협상의 기술과 BATNA[15]에 대한 이해

1 협상(Negotiation) 이해하기

1 협상의 정의와 목적

협상은 두 명 이상의 당사자가 상호 이익을 조정하고 합의를 도출하는 과정입니다. 협상의 궁극적인 목적은 각 당사자가 원하는 결과를 최대한 충족시키면서 상호 간의 갈등을 해결하는 것입니다. 이를 통해 협상 당사자들은 장기적인 관계를 유지하고, 협력적인 환경을 조성할 수 있습니다.

2 협상의 주요 요소

협상에는 여러 가지 중요한 요소가 존재합니다.

- **목표**: 협상 당사자들이 달성하고자 하는 구체적인 결과나 이익을 의미합니다.
- **이익**: 각 당사자가 협상에서 얻고자 하는 실질적인 혜택을 말합니다.
- **입장**: 협상 과정에서 각 당사자가 주장하는 관점이나 요구사항을 나타냅니다.
- **대안**: 합의에 도달하지 못할 경우 각 당사자가 취할 수 있는 행동을 의미합니다.

이러한 요소들은 협상 과정을 체계적으로 진행하는 데 중요한 역할을 합니다.

---

15 BATNA(Best Alternative To a Negotiated Agreement): 협상 과정에서 상대방과 합의에 이르지 못할 경우를 대비해, 협상자가 가지고 있는 최선의 선택지를 의미한다. 하버드 대학의 로저 피셔와 윌리엄 유리가 저술한 "Getting to Yes"에서 처음 소개되었다. 협상 과정에서 자신의 BATNA를 명확히 아는 것은 협상력을 강화하고, 가능한 최선의 결과를 도출하는 데 중요한 역할을 한다.

③ 협상의 유형

협상은 일반적으로 분배적 협상과 통합적 협상으로 구분됩니다.

분배적 협상은 한정된 자원을 놓고 경쟁하는 형태로, 한쪽이 이익을 보면 다른 쪽이 손해를 보는 제로섬 게임의 성격을 가집니다.

반면, 통합적 협상은 상호 이익을 극대화하는 형태로, 양측이 모두 이익을 볼 수 있는 윈윈 게임의 성격을 띠고 있습니다.

협상 유형에 따라 전략과 접근 방식이 달라지므로, 협상 시작 전에 상대방의 협상 스타일을 파악하는 것이 중요합니다.

② BATNA 이해하기

① BATNA의 정의

BATNA는 "Best Alternative to a Negotiated Agreement"의 약자로, 협상에서 합의에 도달하지 못했을 때 취할 수 있는 최선의 대안을 의미합니다. BATNA를 준비해 두면 협상에서 자신감을 가지고 요구사항을 제시할 수 있게 됩니다. BATNA는 협상의 결과를 평가하는 기준이 되며, 합의 여부를 결정하는 데 있어 핵심적인 역할을 합니다.

② BATNA의 중요성

협상에서 BATNA는 협상력을 강화하는 중요한 요소입니다. 효과적인 BATNA의 설정과 협상 절차를 통해 원하는 결과를 도출할 수 있습니다. 협상의 각 단계와 기술을 체계적으로 이해하고 활용함으로써 성공적인 협상을 이끌어 낼 수 있습니다. BATNA는 여러 가지 측면에서 중요한 역할을 합니다.

첫째, BATNA는 협상력을 강화시킵니다. 협상 테이블에서 자신감을 가지고 요구사항을 제시할 수 있으며, 이는 협상 상대방에게 강력한 메시지를 전달합니다.

둘째, BATNA는 최소 수용 조건을 설정하는 데 도움이 됩니다. BATNA를 기준으로 최소한의 수용 가능한 조건을 설정할 수 있으며, 이는 협상이 결렬될 경우에도 대비할 수 있게 해줍니다.

셋째, BATNA는 위험 관리를 가능하게 합니다. 협상이 결렬될 경우 취할 수 있는 대안을 사전에 준비함으로써 위험을 효과적으로 관리할 수 있습니다.

③ 가능한 대안 탐색

BATNA를 설정하기 위해서는 먼저 협상이 결렬될 경우 취할 수 있는 가능한 대안들을 모두 나열하는 단계가 필요합니다. 이 과정에서는 가능한 한 현실적이고 실행 가능한 대안을 고려해야 하며, 각 대안의 장단점을 철저히 분석해야 합니다.

④ 대안 평가

나열된 대안들의 평가를 위해서는 각 대안들의 장단점을 분석하고, 비용, 시간, 리스크 등의 요소를 고려하여 대안을 평가합니다. 이러한 평가 과정은 각 대안의 실효성을 검토하고, 실제로 적용 가능한지를 판단하는 데 중요한 역할을 합니다.

⑤ 최선의 대안 선택

평가 결과를 바탕으로 가장 현실적이고 유리한 대안을 선택합니다. 이 대안이 BATNA로 설정됩니다. 최선의 대안을 선택하는 과정에서는 실질적인 효과와 실행 가능성을 최우선으로 고려해야 합니다. 이렇게 설정된 BATNA는 협상 과정에서 중요한 기준점이 됩니다.

③ 협상의 일반적인 절차

① 준비

협상을 준비하는 단계에서는 상대방의 요구사항과 목표를 파악하고, 자신이 원하는 결과를 명확히 하는 것이 중요합니다. 협상의 목표와 전략을 설정하는 과정에서 가능한 모든 정보를 수집하고 분석해야 합니다. 이를 통해 협상 과정에서 예상되는 문제를 미리 파악하고 대비할 수 있습니다.

② 초기 접촉

협상 시작 시 상호 신뢰를 구축하고 협상의 틀을 설정합니다. 첫 만남에서는 긍정적이고 협력적인 분위기를 조성하는 것이 중요합니다. 이를 통해 상대방과의 관계를 원활하게 유지할 수 있으며, 협상의 성공 가능성을 높일 수 있습니다.

③ 문제 정의

협상 과정에서 논의할 문제를 명확히 정의하고 쟁점을 정리하는 단계입니다. 각 당사자가 중요하게 생각하는 문제를 이해하고, 이를 해결하기 위한 기본 틀을 마련합니다. 문제 정의 단계에서는 협상 과정에서 다루어야 할 주요 쟁점을 명확히 하고, 이를 바탕으로 협상의 방향을 설정합니다.

④ 입장 교환

각자의 입장과 요구사항을 제시하고 상호 교환하는 단계입니다. 이 단계에서는 상대방의 입장을 경청하고 이해하는 것이 중요합니다. 상대방의 입장을 이해하는 과정에서 협상의 쟁점을 보다 명확히 파악할 수 있으며, 이를 바탕으로 협상의 방향을 조정할 수 있습니다.

⑤ 창의적 해결책 모색

양쪽의 이익을 최대한 충족시킬 수 있는 창의적인 해결책을 탐색하는 단계입니다. 브레인스토밍, 롤플레이, 시나리오 플래닝 등의 기법을 활용하여 다양한 해결책을 모색할 수 있습니다. 창의적 해결책을 모색하는 과정에서는 상호 간의 이익을 최대화할 수 있는 방안을 찾는 것이 중요합니다.

⑥ 합의 도출

최종적으로 합의에 도달하고 이를 문서화하는 단계입니다. 합의 사항을 구체적으로 명시하고, 실행 계획을 수립합니다. 합의 도출 단계에서는 상호 간의 약속을 명확히 하고, 이를 바탕으로 협상의 결과를 실행하는 것이 중요합니다.

4 협상을 위한 커뮤니케이션 기술

1 경청과 질문

협상에서 가장 중요한 기술 중 하나는 상대방의 입장을 경청하고 이해하려는 자세를 갖는 것입니다. 이를 통해 상대방의 필요와 관심사를 명확히 파악할 수 있습니다. 경청은 단순히 듣는 것을 넘어서, 적절한 질문을 통해 상대방의 숨겨진 요구와 동기를 발견하는 데 도움을 줍니다. 이러한 정보를 바탕으로 보다 효과적인 협상 전략을 수립할 수 있습니다.

2 비언어적 의사소통

협상 과정에서는 몸짓, 표정, 목소리 톤 등 비언어적 의사소통이 큰 역할을 합니다. 비언어적 신호는 진정성과 신뢰를 전달하는 데 중요하며, 이를 통해 상대방과의 관계를 원활하게 유지할 수 있습니다. 긍정적인 비언어적 의사소통은 협상 분위기를 개선하고, 상호 이해를 촉진할 수 있습니다.

3 양보와 교환

상호 양보와 교환은 협상 타결을 유도하는 중요한 기술입니다. 협상에서 서로의 요구를 교환하며, 상호 만족할 수 있는 합의를 도출하는 것이 핵심입니다. 전략적으로 양보를 계획하고, 이를 통해 상대방의 중요한 요구를 만족시키면 협상의 성공 가능성을 높일 수 있습니다.

4 감정 조절

협상 과정에서 감정을 잘 관리하는 것은 필수적입니다. 감정적인 대응을 피하고, 논리적이고 이성적으로 대처하는 것이 중요합니다. 감정 조절은 협상의 분위기를 긍정적으로 유지하고, 생산적인 논의를 이어나가는 데 도움을 줍니다. 이를 통해 상대방과의 신뢰를 구축하고, 협상의 질을 높일 수 있습니다.

⑤ 타임 매니지먼트

협상 시간을 효율적으로 관리하는 기술도 중요합니다. 협상 과정에서 시간 압박을 이용해 상대방의 결정을 유도할 수도 있습니다. 타임 매니지먼트를 통해 협상의 효율성을 높이고, 시간 내에 목표를 달성할 수 있도록 합니다. 이를 위해 협상의 각 단계별로 목표와 일정을 명확히 설정하는 것이 필요합니다.

⑤ 희망퇴직 조건 협상의 상세 절차와 방법

① 협상의 기초: 자신의 가치 이해하기

희망퇴직 조건 협상을 시작하기 전에, 가장 중요한 단계 중 하나는 자신의 가치를 정확히 이해하고 평가하는 것입니다. 이는 협상 과정에서 자신의 요구를 명확하게 제시하고, 최적의 결과를 도출하기 위한 필수적인 기반입니다.

① 자신의 기여도 평가

자신이 회사에 기여한 바를 구체적으로 평가할 필요가 있습니다. 이는 프로젝트 성공, 팀 내 리더십, 혁신적인 아이디어 제공, 회사 수익에 대한 기여 등 다양한 형태일 수 있습니다. 이러한 기여도를 문서화하고, 가능하다면 구체적인 숫자나 결과로 표현하는 것이 중요합니다. 이는 협상 테이블에서 자신의 가치를 강조하는 데 도움이 됩니다.

② 노동시장 가치 파악

자신의 직무와 관련된 시장 가치를 조사해야 합니다. 이는 유사한 역할을 하는 다른 회사의 급여 수준, 직무 요구사항 등을 포함합니다. 이 정보는 협상에서 자신의 요구가 시장 기준과 일치하는지, 혹은 그 이상인지를 논리적으로 뒷받침하는 데 사용할 수 있습니다.

③ 독특한 역량과 경험 강조

자신이 가진 독특한 역량과 경험을 강조해야 합니다. 특정 기술, 외국어 능력, 특별한 프로젝트 경험, 업계 내 네트워크 등 자신을 다른 사람과 차별화할 수 있는 요소를 명확히 하는 것이 중요합니다. 이러한 독특한 역량은 협상 과정에서 자신의 가치를 높이 평가받는 데 중요한 역할을 합니다.

④ 경제적 필요와 목표설정

자신의 경제적 필요와 장기 목표를 분명히 해야 합니다. 희망퇴직 후의 생활 계획, 재무적 목표, 퇴직금 규모 등을 고려하여, 협상에서 달성하고자 하는 현실적이고 구체적인 목표를 설정합니다. 이는 협상 과정에서 우선순위를 결정하고, 현실적인 요구를 제시하는 데 도움이 됩니다.

⑤ 협상 전략 수립

자신의 가치를 이해했다면, 이를 바탕으로 효과적인 협상 전략을 수립해야 합니다. 협상에서 제시할 주요 요구사항, 타협할 수 있는 부분, 협상의 목표 등을 명확히 합니다. 또한, 협상 과정에서 가능한 회사를 대표하는 협상자의 반응과 그에 대한 대비책도 준비해야 합니다. 회사를 대표하여 협상하는 사람은 직속상사, 소속 임원, 인사 담당자, 인사 책임자 등이 될 수 있습니다. 이들과 좋은 관계를 유지하고 있거나 희망퇴직자에게 우호적인 감정을 가지고 있다면 좀 더 좋은 협상 결과를 만들어 낼 수 있습니다. 따라서 1차 면담자, 2차 면담자 등 나누어서 협상 전략을 수립할 필요가 있습니다.

자신의 가치를 정확히 이해하고 평가하는 것은 희망퇴직 조건 협상의 성공을 위한 핵심입니다. 이는 협상 과정에서 자신감을 가지고, 자신의 요구를 효과적으로 전달하며, 최종적으로는 자신에게 유리한 결과를 얻는 데 중요한 역할을 합니다. 따라서, 협상에 앞서 자신의 가치를 철저히 분석하고 평가하는 시간을 가지는 것이 중요합니다. 이 과정에서 자신의 직업적 성취와 개인적 역량을 충분히 인지할 수 있으며, 성공적인 경력 전환의 밑거름이 됩니다.

2 협상 전략 및 기술

성공적인 희망퇴직 조건 협상을 위해서는 체계적인 준비와 전략적인 접근이 필요합니다. 여기서는 협상 과정에서 사용할 수 있는 전략 및 기술에 대해 좀 더 상세하게 설명합니다.

1 목표설정

협상 전, 구체적이고 현실적인 목표를 설정해야 합니다. 이는 퇴직금, 재취업 지원 프로그램, 교육 기회 등 구체적인 조건을 포함해야 합니다. 목표는 구체적이고 달성 가능해야 합니다.

2 회사의 상황 파악

회사의 경제적 상황, 직무 필요 상황, 희망퇴직 프로그램의 기본 조건, 과거 사례 등을 잘 이해할 필요가 있습니다. 회사의 상황을 고려한 협상은 보다 실현 가능한 결과를 가져올 수 있습니다.

3 협상 기술 활용

- **효과적인 커뮤니케이션**: 명확하고 간결하며 직접적인 커뮤니케이션으로 자신의 입장과 요구를 전달해야 합니다. 상대방의 말을 주의 깊게 듣고, 이해와 공감을 표현함으로써 상호 존중의 분위기를 조성합니다.
- **감정 관리**: 협상은 대화의 과정입니다. 자신의 요구사항을 전달할 때는 명확하고 존중 있는 언어를 사용하고, 상대방의 입장과 의견도 경청해야 합니다. 협상 과정에서 감정이 고조되지 않도록 주의해야 합니다. 객관적이고 전문적인 태도를 유지하며, 공격적이거나 방어적인 태도는 피합니다.

4 유연성과 대안의 준비(BATNA)

- **유연성 유지**: 모든 협상 포인트가 항상 자신의 바람대로 진행되지 않을 수 있습니다. 중요한 포인트에 집중하고, 일부 요구사항에서는 유연하게 타협

할 준비를 해야 합니다.

- **최선의 대안(BATNA) 파악**: 협상이 원하는 결과로 이어지지 않을 경우를 대비해, 최선의 대안을 마련해 두어야 합니다. 이는 협상에서 여유 있는 입장을 취할 수 있게 하며, 필요한 경우 협상 테이블을 떠날 준비도 함께 합니다.

5 성공적인 협상을 위한 실천 계획

- **실천 계획 수립**: 협상 목표에 도달하기 위한 구체적인 실천 계획을 마련하는 것은 협상의 성공 가능성을 높입니다. 이는 협상에서 자신의 주장을 강화하고, 상대방을 설득하는 데 필요한 전략과 기술을 포함해야 합니다. 각 요구사항에 대한 근거와 준비된 대답, 가능한 상대방의 반응과 그에 대한 대응 전략을 포함시켜야 합니다.

- **상호 이익 찾기**: 협상은 대립이 아닌, 상호 이익을 찾는 과정입니다. 협상에서는 자신의 이익뿐만 아니라 회사의 입장도 고려하는 것이 중요합니다. 상호 이익이 될 수 있는 방안을 제안함으로써 협상의 긍정적인 결과를 도출할 수 있습니다. 자신의 요구를 충족시키는 동시에 회사의 입장과 조건도 고려해, 양측 모두에게 이익이 되는 해결책을 제시할 필요가 있습니다.

- **구체적 사례 준비**: 자신의 요구와 주장을 뒷받침할 수 있는 구체적인 사례와 데이터를 준비하는 것이 좋습니다. 이는 당신의 요구가 합리적이고 타당함을 증명하는 데 도움이 되며, 추상적인 요구보다 실제 사례를 통한 요구가 더 설득력이 있기 때문입니다.

- **협상 후 평가**: 협상이 끝난 후, 그 과정과 결과를 평가하여 다음 협상을 대비하는 것은 중요합니다. 성공적인 부분과 개선이 필요한 부분을 분석하여, 향후 협상이나 다른 대화에서 더 나은 결과를 얻을 수 있도록 준비합니다.

6 지속적인 소통 유지

협상 과정에서 지속적으로 소통하는 것이 중요합니다. 협상이 진행되는 동안 상황의 변화나 새로운 정보가 생길 수 있으므로, 이에 대해 적극적으로 소통하고 조정해 나가야 합니다. 회사와의 효과적인 소통은 협상의 성공을 좌우합니다. 협상 과정에서 상호 존중과 이해를 바탕으로 한 소통은 긍정적인 협상 결과로 이어질 가능성을 높여줍니다. 자신의 목표와 요구사항을 명확히 전달하고, 상대방의 입장도 이해하려는 노력이 중요합니다.

협상 과정은 때로 예상치 못한 방향으로 전개될 수 있으며, 이는 유연한 태도와 철저한 준비가 필요함을 의미합니다. 각 단계에서 전략적으로 접근하고, 자신의 목표와 회사의 조건 사이에서 최적의 균형을 찾으려는 노력이 중요합니다. 협상은 단순히 조건을 요구하고 양보하는 과정이 아니라, 양측이 만족할 수 있는 해결책을 찾기 위한 창의적인 과정이 될 수 있습니다. 이를 통해 당신은 희망퇴직 과정을 더욱 긍정적이고 생산적으로 만들 수 있으며, 자신의 미래에 대해 더 큰 통제력을 가질 수 있게 됩니다.

3 협상 성공을 위한 팁

협상에서 유리한 위치를 확보하기 위해서는 상황을 정확히 분석하고, 긴 호흡으로 전략적으로 접근하는 것이 필요합니다. 협상은 단순히 자신의 요구사항을 관철시키는 것이 아니라, 상대방과의 상호 작용을 통해 최적의 해결책을 찾아가는 과정입니다. 이 과정에서 몇 가지 추가적인 전략을 적용할 수 있습니다.

1 전략적 질문 활용

- 정보 수집: 상대방에 대한 정보를 더 많이 수집할수록 협상에서 유리한 위치를 확보할 수 있습니다. 상대방의 요구사항, 우선순위, 그리고 협상 여지에 대한 관계자들을 탐문하거나 직접적인 질문을 통해 이를 파악해야 합니다.
- 상대방의 입장 이해: 상대방의 입장에서 그들이 왜 특정 요구를 하는지, 그들의 진짜 목표가 무엇인지 이해하려 노력해야 합니다. 이는 협상에서 상호 유익한 해결책을 찾는 데 중요한 열쇠가 될 수 있습니다.

② **협상 분위기 관리**

- **긍정적인 분위기 조성**: 협상을 긍정적이고 협력적인 태도로 접근하면, 상대방도 긍정적으로 반응할 가능성이 높습니다. 서로에 대한 신뢰를 구축하고, 적대적인 분위기를 피해야 합니다.
- **공통점 찾기**: 공통의 관심사나 목표를 찾아 강조함으로써, 협상 과정에서의 연결고리를 만들 수 있습니다. 이는 협상 과정에서의 유대감을 강화하고, 협력의 가능성을 높일 수 있습니다.

③ **지속적인 후속 조치**

- **합의 사항 명확히 하기**: 협상에서 도출된 합의 사항은 명확한 문서로 작성하여 양측이 서명해야 합니다. 이는 미래에 발생할 수 있는 오해나 분쟁을 방지합니다.
- **관계 유지**: 협상이 끝난 후에도 상대방과의 긍정적인 관계를 유지하려 노력해야 합니다. 장기적인 관점에서 보면, 좋은 관계는 미래의 협상이나 협력에 있어 중요한 자산이 될 수 있습니다.

협상에서 유리한 위치를 확보하는 것은 복잡하고 다양한 요소들이 상호 작용하는 과정입니다. 전략적 준비, 효과적인 소통, 유연성, 그리고 감정 관리 등은 모두 협상에서 성공을 이끌어내는 데 중요한 역할을 합니다. 이러한 전략과 기술을 잘 활용한다면, 협상 과정에서 자신의 목표를 효과적으로 달성힐 수 있을 것입니다.

chapter

07

희망퇴직 보상 조건 협상 사례

제7장
희망퇴직 보상 조건 협상 사례

---

1 희망퇴직 보상 조건 협상에 대한 일반적인 주의점

본 사례는 회사의 인사 업무 수행 중 경험했던 것들에 기반하여 가상의 인물을 설정하고 스토리텔링 방식으로 협상 과정을 재정리한 것입니다. 협상의 결과는 협상에 나서는 근로자(또는 노동조합, 근로자 대표)의 상황과 회사의 상황에 따라 다른 결과가 나옵니다. 개인마다 퇴직 사유와 회사에서 해당 근로자를 필요로 하는 정도는 다르며, 회사마다 CEO의 경영철학, 인사 제도와 조직문화가 다릅니다. 또한 협상 당시의 회사 상황과 회사측 협상 파트너의 관점과 역량에 따라 그 결과는 다르게 나옵니다. 여기서 제시하는 사례들은 일반적으로 누구나 적용되는 것은 아니지만, 퇴직자 본인의 상황에 비추어 참고할 만한 것들에 대한 정보와 협상의 과정을 이해하는 데 도움이 될 것입니다.

경험상 퇴직과 관련한 보상 조건에 대해 회사와 협상을 진행하는 것은 쉽지 않은 과정입니다. 상호 간 조건을 제시하고 결정하는 단순한 협상의 기술로 간단히 해결되는 것도 있지만, 상당한 시간과 인내, 스트레스를 동반하는 경우가 많이 있습니다.

권고사직 또는 부당해고 지시의 상황으로 전개되면 법적 절차를 진행해야 할 수 있습니다. 회사가 날짜를 언급하면서 해고를 지시했는지, 근로자가 퇴직 의사를 밝혔는지, 보상 조건을 누가 어떻게 제시했는지 등 증거와 증인, 정황 등의 확보가 법적 판단에 중요한 사항이 될 수 있습니다. 희망퇴직 대상자로 선정되어 면담을 진행하게 되면, 감정적 대응은 최대한 자제하고, 처음부터 주의해서 진행해야 합니다. 희망퇴직 면담이 시작되면 면담 내용 전체를 증거로 활용해야 할 상황이 만들어질 수 있으므로 처음부터 증거 확보를 위한 의도적인 노력을 기울여야 할 것입니다.

표 7-1 **퇴직 보상 조건 협상에 영향을 미치는 요인**

구분	영향 요인	세부 내용
근로자 요인	개인적 요인	퇴직 협상의 필요성에 대한 절박함 정도 회사 성과에 대한 기여의 정도 퇴직 후 선택할 수 있는 대안의 수
	심리적 요인	목표를 설정하고 방어/설득하는 협상 능력 감정 관리 기술(부정적인 감정은 협상에 방해됨)
	전략적 요인	과거 사례 수집, 자신의 가치 파악, 준비 정도 배분적 협상(Zero-Sum)과 통합적 협상(Win-Win)
회사 요인	조직적 요인	CEO의 경영철학 현재의 보상 기준과 과거 적용된 예외 사례 개방적이고 협력적인 문화는 긍정적인 협상 유도
	경제적 요인	회사의 재정 상태와 보상 지불 능력 구조조정의 필요성이 높을수록 협상에서 양보 가능
	협상자의 역량	회사측 협상자의 협상 전문성, 경험과 가치관 구조조정이 불가피한 상황일수록 더 많은 양보 가능

② 개인갈등형, 동기부여형 협상 사례

❶ 연봉 인상, 인센티브 지급

H씨는 매년 회사의 매출 감소로 인해 상당한 압박을 받고 있는 20년 경력의 영업 베테랑입니다. 사업환경의 변화와 고객사의 상황을 가장 먼저 알아챌 수 있는 위치에 있기 때문에 조만간 회사가 구조조정에 나설 것임을 예감하였습니다.

그렇지만, 회사의 영업 실적이 예상보다 더 빨리 악화되자, 영업부서의 젊은 직원들이 자발적으로 도미노 이직을 하게 되었고, 이로 인해 H씨는 영업 부서에서 없어서는 안 될 존재가 되었습니다. H씨는 20년의 영업 경력, 3개 국어에 능통했으며, 40대 후반이었기 때문에 영입을 원하는 회사들이 있었고, 최근 다른 회사에 면접을 봤다는 소문이 돌고 있었습니다.

H씨는 자신의 처우에 대한 불만이 있었기 때문에 좀 더 높은 보상을 기대하고 있었습니다. 회사는 이 상황을 인지하고 내부 검토 후, H씨가 퇴사하지 않는 것이 회사에 더 큰 이익이 된다고 판단했습니다. 회사는 H씨에게 인센티브를 제공하며, 그가 이직 활동을 중단하고 회사에 더 기여하도록 설득하려고 했습니다.

협상을 시작하기 전에 H씨는 자신의 가치와 회사 기여도를 구체적으로 정리했습니다. 예를 들어, 최근 프로젝트 성공 사례, 회사 이익 증가, 팀 내 리더십 등을 구체적인 숫자로 제시했습니다. 또한, 자신의 성과가 제대로 인정받지 못하고 있다는 점을 강조하기로 했습니다. 더불어, 직무와 관련된 시장 조사를 통해 동일 산업 내 급여 수준과 인센티브 수준을 파악하고, 추가 보상의 가능성을 확인했습니다. 또한, 다른 회사에서 유사한 상황에서 성공적으로 급여 인상을 이끌어낸 사례를 수집하여 참고 자료로 사용했습니다. 마지막으로, 협상이 실패할 경우 대비하여 다른 회사들을 계속 탐색하며, 협상 테이블에서 강경한 입장을 취할 준비를 했습니다.

협상 과정에서 H씨는 HR 매니저와의 첫 번째 면담에서 퇴사를 고려하고 있다고 밝히며, 자신의 기여도와 시장 가치를 설명하고, 자신의 성과에 상응하는 공정한 급여 인상과 인센티브를 제안했습니다. 회사는 H씨의 퇴사가 영업 실적과 팀 분위기에 미칠 영향을 우려하며 그의 요구를 검토하겠다고 했습니다. 이후 H씨는 자신의 요구사항을 명확히 제시하고, 회사가 제공할 수 있는 대안을 경청했습니다. 그는 급여 인상뿐만 아니라 추가적인 분기별 성과 인센티브도 요청했습니다. H씨와 HR 매니저는 상호 이익을 극대화하는 방안을 논의했고, HR 매니저는 급여 인상은 소폭으로 하고 성과 기반 인센티브 비율을 높여 전체 요구 금액을 충족시키는 방안을 제안했습니다.

협상 결과, 회사는 H씨의 기여를 인정하고 연봉 인상과 성과 기반 인센티브를 지급하기로 했으며, H씨는 의무근무기간 약정에 동의했습니다. 이를 통해 H씨는 퇴사 대신 더 나은 조건으로 회사에 남을 수 있었습니다.

이 사례는 자신의 기여도를 명확히 하고, 시장 가치를 이해하며, 구체적인 데이터를 준비하는 것이 성공적인 협상에 중요하다는 것을 보여줍니다. 또한, 협상 전에 대안을 마련하고 자신감을 가지고 협상에 임하는 것이 협상의 성공 조건임을 보여줍니다. H씨의 사례는 구조조정으로 진행되는 희망퇴직이 아닌 일상적인 회사 경영상황에서도 보상 조건을 협상할 수 있다는 가능성을 보여주고 있으며, 잘 준비된 협상 전략이 있다면 더 나은 근무 조건을 확보할 수 있음을 시사합니다.

2 경력 전문성을 높여주는 학위 과정 참여

J씨는 40대 초반으로, 회사에서 핵심인재로서 중요한 역할을 해왔습니다. 그러나 최근 회사의 성장 가능성에 대한 의구심과 개인 경력 개발의 필요성 때문에 이직을 고려하게 되었습니다. 그 시기에 회사는 고정비 감소를 위해 희망퇴직의 실시를 결정했고, 연봉의 두 배에 해당하는 위로금을 보상 조건으로 제시했습니다. 이직을 검토하던 J씨는 희망퇴직이 기회라고 생각하고 위로금을 받고 퇴직을 하기로 마음을 먹었습니다.

회사는 조직 내 공정성 문제가 발생하지 않도록 누구나 납득할 수 있는 공정한 대상자 선정 기준을 제시하려고 하려고 합니다. 그렇지만, 이 과정에서 회사의 핵심인재 또는 필수인력이 포함되는 경우가 있으며, 위로금을 지급하고 이들을 내보내야 하는 상황이 생기게 됩니다. 이를 막기 위해 대상자 선정 기준에 포함되는 사원들은 누구나 신청할 수 있지만, 회사가 심의를 하여 확정한다는 조항을 넣어서 발표하게 됩니다.

회사는 J씨의 능력을 높이 평가하며 그의 퇴직을 막기 위해 협상에 나섰습니다. 회사는 J씨의 희망퇴직을 승인할 의사가 없다고 명확히 전달하면서, 마음을 돌려서 회사에 남아 달라고 제안했습니다. 면담 과정에서 J씨에게 회사의 성장과 개인 경력 개발의 기회가 가장 중요하다는 점을 이해한 회사는 J씨가 원하던 대학원에 다닐 수 있는 기회를 제공하기로 결정했습니다. J씨는 더 많은 지식과 기술을 습득하여 경력을 쌓고자 했고, 회사는 이러한 J씨의 경력 목표를 지원하는 것이 회사에도 이익이 된다고 판단했습니다.

J씨의 부재가 회사 업무에 큰 혼란을 초래할 수 있었기 때문에 회사는 J씨가 원하는 박사 학위 과정을 지원하기로 했습니다. 이는 J씨가 관심 있는 분야에서 전문성을 높일 수 있도록 돕는 것이었으며, 회사는 J씨의 경력 목표와 회사의 사업 필요성을 일치시키는 데 중점을 두었습니다. 또한, 회사는 J씨가 교육 기회를 통해 습득한 지식을 바탕으로 회사에서 더 큰 역할을 맡을 수 있음을 강조했습니다.

협상 결과, 회사는 J씨의 전체 교육비를 지원하고 교육 기간 동안에도 J씨의 급여와 복리후생을 유지하기로 결정했습니다. J씨는 회사의 제안을 받아들여 퇴직 의사를 철회하고 교육을 받은 후에도 회사에 잔류하기로 결정했습니다. 이는 회사의 기술력 향상과 J씨의 경력 개발에 모두 긍정적인 영향을 미쳤습니다. J씨는 교육 후에도 회사에서 중요한 역할을 맡아 자신의 전문성을 발휘하고, 회사의 발전에 기여할 수 있는 기회를 갖게 되었습니다.

회사에서는 핵심인재 유지 차원에서 적극적으로 여러 가지 보상제도를 운영하는 경우가 있습니다. 핵심인재들이 퇴직을 하겠다고 하면 그동안 파악해 둔 핵심인재의 성향이나 기대사항을 먼저 파악하고 별도의 보상 프로그램을 제안하는 경우가 있습니다. 학위 과정도 중요한 보상 프로그램 중 한 가지이며, 핵심인재를 붙잡기 위해 이 정도는 투자할 수 있는 회사들이 있습니다.

회사도 핵심인재에게 교육 기회를 제공하는 것이 회사에 더 큰 도움이 된다는 것을 알고 있습니다. 맞춤형 교육 프로그램과 장기적인 경력 개발 계획을 통해 인재를 유지할 수 있으며, 회사와 직원 모두에게 긍정적인 결과를 가져올 수 있습니다.

1　노동청 진정 사례

1　대표이사의 수당 삭감 및 부당해고 지시

　H기업은 경영실적의 악화로 대표이사인 CEO와 CFO가 모두 교체되었습니다. 새로운 CFO는 자신의 기준에서만 옳고 그름을 판단하며, 점령군처럼 행동하는 모습을 자주 보였습니다. H기업은 고정비를 절감하기 위해 희망퇴직을 결정했으며, H기업의 조직책임자인 L씨는 직원들 다수가 떠나야 하는 상황에서 함께 희망퇴직을 하겠다는 의사를 CEO에게 밝혔습니다. CEO는 현재의 구조조정이 끝날 때까지 몇 달만 퇴직을 유보해 달라고 요청을 하면서 현재 받고 있는 조직책임자 처우를 보장하겠다고 했습니다.

　그렇지만, CFO는 L씨를 빨리 내보내기를 원했습니다. L씨가 조직책임자가 아님에도 불구하고 수당을 받고 있다는 것을 이사회 멤버에게 공개했고, 이사회 멤버들은 CFO의 이야기만 듣고 모두 L씨를 비난했습니다. CFO는 이를 근거로 인사팀장에게 '지급된 수당의 환수와 퇴직'을 지시했습니다.

　CEO의 요청에 의해 퇴직 시점을 조정했고, 한시적으로 조직책임자 처우를 받고 있었던 L씨는 CFO가 자신을 부도덕하게 수당을 착복하는 비윤리적인 사람으로 공개적으로 낙인을 찍었고, 징계성 해고를 한다고 생각하여 심각한 스트레스를 받았습니다. 이대로 퇴직하면 '직원 다수가 희망퇴직해야 하는 상황에 대해 함께 고통을 나누고 책임지는 리더가 되겠다'는 퇴직 동기와 '그동안 쌓아왔던 명예가 모두 무너진다'고 판단하였습니다. CFO의 부당한 처사를 용인해서는 안 되며, 자신의 명예를 회복하기 위해 CFO에게 대항하기로 결심했습니다.

　L씨는 퇴직 면담 내용, 동일한 품의서에 포함된 예외 사례, CEO와의 그동안 주고 받았던 메일 등을 정리하여 이사회 멤버들에게 공유하면서 사실관계 조사를 요청하였습니다. 그렇지만, 회사측은 사실관계 조사에 미온적인 태도였으며

조용히 회사를 정리하고 나가라는 입장을 전달해 왔습니다.

L씨는 회사에서는 사실관계 조사를 진행할 의지가 없으며, 자신의 명예도 회복되지 않을 것으로 판단하였습니다. L씨는 CEO가 자신에게 약속했던 내용이 담긴 문서들을 정리하여 노동청에 임금체불과 부당해고 지시가 있었다는 진정서를 제출하였습니다.

② 최선의 대안(BATNA)

CEO는 L씨와 면담 과정에서 수차례 사과를 했지만, 퇴직원을 제출하기를 원했습니다. 그렇지만, CFO는 자신이 해고를 지시한 적이 없다고 말을 바꾸었으며, 변호사의 조언을 받아가며 수당이 오지급되었다는 논리의 자료를 근로감독관에게 제출했습니다.

회사의 부적절한 조치 상황에서 L씨가 퇴직원을 제출하였다면 마땅히 대응하기가 쉽지 않았을 것입니다. 그렇지만, L씨는 퇴직원을 제출하지 않은 상태이며, 회사는 문제가 더 커지기 전에 조기 해결을 하고 싶어 했습니다.

L씨는 퇴직원 제출의 대가로 CFO의 공식적인 사과와 함께 정당한 보상을 받고 싶어 했습니다. CEO가 약속했던 수당과 조정된 퇴직일에 정상적으로 퇴직을 하는 것이 조금이라도 명예를 회복하는 것이라고 생각했습니다. CFO의 사과와 적절한 보상이 없다면 퇴직을 하지 않겠다는 생각을 했고, 실추된 명예를 어떻게 회복해야 할지에 대한 방법들을 탐색했습니다. 또한, 개인적으로 극심한 스트레스를 겪고 있는 현실과 CEO, CFO와는 이미 돌이킬 수 없는 관계가 된 상황을 깊이 있게 이해했습니다.

언론에서 오보를 내고 난 뒤 정정보도 낸다고 해서 원래대로 정정이 되지 않는 다는 것을 잘 알고 있기 때문에 최소한의 명예회복이 무엇인지를 생각했습니다. 또한, CEO가 약속했던 기간까지의 전체 보상 규모를 맞출 수 있다면 회사를 조기에 마무리하는 것도 괜찮겠다는 것으로 자신의 협상안을 정리했습니다.

③ BATNA를 기반으로 한 협상 준비와 결과

① 증거 수집 및 정리

L씨는 자신이 당한 부당한 대우와 관련된 증거를 철저히 수집했습니다. CEO와의 면담 녹음 내용을 녹취록으로 만들고, 조직개편 내용, CEO의 수당 결재 문서, 퇴직일의 연장을 요청한 메일 그리고 기존의 예외 사례들을 수집하여 문서화된 증거를 확보했습니다. 또한, CFO의 부당해고 지시와 부당한 수당 삭감에 대한 관련된 자료들을 정리했습니다. 회사에서 시스템의 접근을 막을 것을 대비하여 취업규칙, 관련된 회사 기준, 임금명세서, 관련된 이메일 등도 모두 확보해 두었습니다. 사건이 장기화되어 민사소송으로 전개될 것에 대비하여 노무 관련 전문 변호사의 자문을 받기로 마음을 먹었습니다.

② 법적 대응 준비 및 내부 고발

L씨는 법적 대응을 준비하기 위해 관련 법률을 검토하고 전문가의 조언을 구했습니다. '근로기준법', '직장 내 괴롭힘 금지법', '고용정책 기본법', '형법', '개인정보보호법' 등을 통해 자신이 겪은 상황이 법적으로 어떻게 보호받을 수 있는지 확인했습니다.

CFO의 일방적인 수당 삭감 지시에 대해서는 임금체불로 진정서를 내었고, 부당해고 지시와 개인보상정보를 이사회 멤버들에게 본인의 동의와 사전 확인 없이 공개하고 비난한 것에 대해서는 직장 내 괴롭힘으로 신고할 준비를 했습니다.

L씨는 노동청에 진정서를 내기 전에 회사에 공식적으로 문제를 제기했으며 조사를 요청했습니다. 또한, 이사회 멤버 전원에게 일자별로 발생했던 사항들을 정리하여 메일로 보내면서 CFO의 부당한 지시와 윤리적 매도에 대한 명예 회복을 요청했습니다.

③ 심리적 지원 및 건강 관리

심리적 스트레스가 심각했던 L씨는 심리 상담사를 찾아 상담을 받으면서 자신의 감정을 관리했으며, 가족과 함께 모든 사항을 함께 공유하고 가족의 지지와 격려를 받았습니다. CFO의 비윤리적인 조치에 대한 과도한 몰입과 스트레스에 빠지지 않으려고 떠오르는 생각들과 감정들을 그때그때 메모 형식으로 정리하면서 정신적 안정을 유지했습니다. 식습관과 수면패턴이 깨어진 자신의 모습을 발견하고는 신체적 건강을 유지하기 위해 의도적인 노력을 했습니다. 이는 법적 대응을 준비하는 동안 정신적, 신체적으로 안정된 상태를 유지하는 데 큰 도움이 되었습니다.

④ BATNA 활용 및 협상 진행

L씨는 협상에서 최선의 대안(BATNA)에 대해 명확히 이해하고 이를 활용했습니다. BATNA는 협상이 결렬되었을 때 선택할 수 있는 최선의 대안으로, L씨의 경우 법적 조치를 통해 자신의 명예와 이익을 지키는 것이었으며, CEO가 약속한 날짜까지 지급하기로 한 보상을 받는 것이었습니다. 협상이 제대로 진행되지 않을 경우 CFO에게 적용된 특혜도 활용할 마음의 준비를 했습니다.

근로감독관은 L씨가 재직자임을 고려하여 양측을 각각 소환하여 조사를 진행했습니다. 근로감독관은 L씨가 수당의 지급 유무가 아닌 개인 명예의 훼손을 가장 심각하게 생각하고 있고, 회사에서는 오지급이라고 하고 있지만, L씨의 주장이 논리적으로 상당한 타당성을 가지고 있으므로 판결에 이르기 전에 상호 합의와 조정을 할 것을 권유했습니다.

⑤ 협상 결과

근로감독관의 조사 진행 중에 이사회 멤버가 중재에 나서기로 결정을 했습니다. L씨와 CEO는 중재안을 받아 들이는 것으로 상호 합의를 했습니다. 그렇지만, CFO는 대표이사로서 책임지는 모습을 보이지 않고 상황을 회피했습니다.

L씨는 최소한의 명예회복과 함께 금전적 보상을 받는 것에 동의하면서 퇴직원을 제출하기로 했습니다. 중재를 한 이사회 멤버는 L씨가 윤리적으로 문제가 없었다는 것을 정식 안건으로 상정하여 명예회복이 될 수 있도록 하겠다고 약속했습니다. 또한, 회사는 L씨에게 조기퇴직을 한다면 금전적 손실이 발생하지 않도록 하겠다는 약속을 했습니다. L씨는 회사와 공식적인 절차를 통해 합의 문서를 확인하고 퇴직원을 제출했습니다.

2 퇴직일 조정 협상 사례

1 프로젝트 진행 중 희망퇴직 대상자 통보

K씨는 소프트웨어 개발 회사에서 20년간 다양한 개발에 참여하여 성공시킨 능력 있는 개발자이지만, 회사의 구조조정을 위해 실시하는 희망퇴직 대상자 명단에 포함되었습니다. 그동안 회사를 좀 더 다니다가 여유가 있을 때 다른 일자리를 알아보면 되겠지 하는 퇴직에 대한 막연한 생각을 해 왔습니다.

K씨는 희망퇴직 대상자에 선정된 것에 대해 큰 충격을 받았으며, 아직 준비가 안 되었는데 회사를 그만두어야 한다는 것에 대한 두려움이 컸습니다. 현재 참여하고 있는 개발 프로젝트가 아직 끝이 나지 않았는데, 프로젝트가 완료되는 기간까지 근무하면서 퇴직을 준비하는 것이 현실적인 도움이 될 것이라고 생각을 했습니다. K씨는 프로젝트가 완료될 때까지 회사와 근무기간을 연장하는 것을 협상하기로 마음을 먹었습니다.

2 BATNA와 협상 준비

K씨의 협상 목표는 프로젝트 완료를 위해 최소 6개월의 근무기간 연장입니다. 또한, 이 기간 동안의 급여와 퇴직 시 희망퇴직 위로금의 보장을 포함하는 조건을 협상의 목표로 삼았습니다. 프로젝트의 중요성, 자신의 역할과 기여도, 그리고 프로젝트 성공에 미칠 긍정적인 영향을 상세히 정리했습니다.

3 협상 진행

K씨는 평소 상사와 동료 간 관계가 좋았습니다. K씨는 사내 인적 네트워크를 잘 활용하였으며, 이들은 협상에서 중요한 영향을 미쳤습니다. 그동안 자신을 지지해 주었던 프로젝트 리더에게 면담을 먼저 요청하고 깊이 있는 대화를 나누었습니다. K씨는 프로젝트 리더에게 프로젝트의 성공적인 완료가 회사에 가져올 이익과 K씨가 프로젝트에 어떤 기여를 하고 있고, 또한 할 수 있는지를 강조했습니다. 그의 프로젝트에 대한 깊은 이해와 기술적 전문성이 없으면 프로젝트의 성공이 늦어지거나 어려운 상황에 처할 수 있음을 어필했고, 프로젝

트 리더도 K씨가 프로젝트가 끝날 때까지는 근무하는 것이 회사에 도움이 된다고 생각하게 되었습니다.

프로젝트 리더는 K씨를 대신하여 직속상사인 임원에게 프로젝트의 성공을 위해 K씨가 필요함을 설득했습니다. 프로젝트 리더는 K씨를 희망퇴직시켜야 하는 상황을 이해하고 있지만, 프로젝트가 끝날 때까지만이라도 근무할 수 있도록 요청하였습니다. 프로젝트 리더는 K씨의 근무기간 연장이 회사에도 중요한 가치를 제공하며, 회사가 더 잘되기 위해 실시하는 희망퇴직의 근본 취지와 일치한다는 점을 강조했습니다. 프로젝트 리더는 K씨의 희망퇴직 시기를 조정하는 것이 프로젝트의 성공적인 마무리에 필요하다는 것을 해당 임원이 충분히 인식할 수 있도록 했습니다.

4 협상 결과

회사는 K씨의 프로젝트 리더와 직속상사인 임원의 제안을 심사숙고한 끝에, K씨의 프로젝트가 끝나는 6개월 뒤 희망퇴직을 실시하는 것으로 결정했습니다. 회사의 필요에 의해 진행되는 협상이므로 회사에서 먼저 K씨에게 희망퇴직의 시기를 조정해 달라는 요청을 하였으며, 조정된 기간 동안의 급여와 희망퇴직 보상 조건을 보장했습니다. K씨의 전문성과 프로젝트에 대한 헌신 그리고 사내 네트워크의 적절한 활용이 회사로 하여금 그의 요구를 수용하도록 설득한 것입니다.

5 사후 조치

K씨는 조정된 근무기간 동안 프로젝트를 성공적으로 완료했습니다. 그는 후임자에게 필요한 지식과 정보를 전달하여 프로젝트의 지속적인 관리와 개발을 위한 기반을 마련했습니다. K씨는 협상 과정을 평가하며, 자신의 전략과 접근 방식에서 배운 점을 정리했습니다. 또한, 이 경험은 그가 향후 경력 전환에 있어서 중요한 자산이 되었습니다.

이 사례는 협상 과정에서 명확한 목표설정, 자신의 가치와 기여도를 강조하는 것, 네트워크의 활용이 얼마나 중요한지를 보여줍니다. 또한, 협상에서는 자신의 요구뿐만 아니라 회사의 이익을 고려하는 상호 이익 추구의 접근 방식이 중요함을 잘 보여주고 있습니다.

K씨는 자신의 전문성과 프로젝트에 대한 헌신을 통해 회사로 하여금 그의 근무기간 연장이 양측 모두에게 이익이 됨을 인식하게 만들었습니다. K씨의 사례는 희망퇴직 협상 과정에서 개인의 요구를 효과적으로 전달하고, 회사와의 긍정적인 합의에 도달하기 위한 전략과 기술의 중요성을 잘 보여줍니다. 협상은 단순한 요구의 제시가 아니라, 상호 이해와 이익을 기반으로 한 복잡한 대화 과정임을 기억하는 것이 중요합니다.

3 만년 과장이 차장으로 호칭 상승한 사례

1 장기 진급 누락자에 대한 희망퇴직 대상자 통보

김과장은 만년 과장으로 승진기회를 여러 번 놓쳐서 회사 내에서 한계인력으로 분류되어 있으며 본인 스스로도 이를 잘 인지하고 있습니다. 김과장은 희망퇴직 대상자로 선정되었다는 통보를 받고 난 뒤 이번 기회에 특별퇴직금을 받고 희망퇴직한 후 재취업의 기회를 탐색하기로 마음을 먹었습니다. 그렇지만, 자신의 나이에 과장 직급이라면 재취업할 때 경력을 제대로 인정받기가 어려울 것 같다는 생각이 들었습니다. 그래서 차장 직급으로 경력증명서가 발행되면 재취업에 도움이 될 것 같다는 생각에 직급 상승을 조건으로 희망퇴직 협상을 하기로 마음을 먹었습니다.

2 업무 성과와 기여도 문서화

자신의 주요 성과, 프로젝트 성공 사례, 혁신적인 아이디어 도입, 고객 또는 이해관계자로부터 긍정적인 피드백 등 자신의 기여와 성과를 구체적으로 정리했습니다.

3 회사의 관점 이해

퇴직 시 호칭 상승, 조건부 진급 등에 대한 회사의 과거 사례가 있는지를 찾아 보았습니다. 또한, 호칭 상승이 회사에 미치는 영향이 무엇인지를 확인했습니다. 진급 요건을 못 채워서 조건부 진급을 했던 몇 건의 과거 사례가 있었다는 것을 확인했습니다. 그동안 김과장이 진급을 하지 못한 이유는 업무적인 능력이나 성과 부족이 아닌 어학 기준이었는데, 회사 내에 어학 때문에 조건부 진급을 했던 사례가 있음을 확인했습니다.

4 호칭 상승 정당화

김과장은 차장 호칭으로의 호칭 상승 요청을 정당화하는 명분을 더 찾았습니다. 경력증명서에 상승된 직급만 기재되면 되므로, 진급의 시점을 퇴직 시점으로 하면 연봉을 인상하지 않아도 된다는 것을 알게 되었습니다. 또한, 현재의 직급으로는 타사에 재취업을 할 때 불리하므로 퇴직자에 대한 회사의 배려가 필요한 이유를 정리하였습니다.

5 상호 이익 강조

김과장은 회사에도 이익이 되는 부분을 찾아 보았습니다. 회사가 희망퇴직자를 배려하고, 이를 통해 남아 있는 직원들의 회사에 대한 신뢰를 높이는 데 기여할 수 있다고 생각했습니다. 또한, 퇴직 시 단순 호칭 상승은 임금의 상승과 관계 없기 때문에 추가적인 비용이 발생하지 않는다는 것을 강조하기로 했습니다.

6 협상 대화 시작

김과장은 희망퇴직 및 관련 조건에 대해 논의하기 위해 직속상사, 인사 담당자와 공식 미팅을 요청했습니다. 김과장은 회사의 과거 호칭 상승 사례와 함께 그동안 정리한 자신의 업무 성과를 근거로 진급 누락이 어학 성적 때문이지 전문 역량이나 성과의 부족이 아님을 이야기하면서 퇴직 시점에 호칭을 상승시켜 줄 것을 제안했습니다. 김과장은 호칭 상승을 원하지만, 급여, 퇴직금 등 금전적인 부분의 추가적인 보상을 원하지 않는다는 점을 이야기하면서 회사의 배려적인 차원에서 호칭 상승을 요구했습니다.

7 조건에 대한 합의

이 협상에서 바람직한 결과는 회사에서 김과장의 기여와 역량을 인정하고, 퇴직 시점에 호칭을 상승시키는 것이며, 그러한 협상의 결과가 퇴직원 등 문서의 형태로 기재되는 것입니다. 회사가 퇴직원에 호칭 상승의 기재를 꺼려할 수도 있습니다. 김과장은 합의된 호칭 상승이 회사의 경영진에게도 보고되어 승인받아 줄 것을 요청해야 하며, 퇴직원이 아니더라도 인사 책임자 등 회사를 대표하는 사람이 명시적으로 작성한 메일이나 문서를 받아 두는 것이 좋습니다.

8 새로운 직위의 활용

김과장은 희망퇴직 위로금의 일부를 활용하여 퇴직 이후 소득절벽의 시기를 극복하면서 상승된 호칭으로 재취업을 위한 활동을 했습니다. 자신의 경력증명서와 이력서를 새로운 직위로 업데이트하여, 재취업의 기회에 활용할 수 있게 되었습니다.

이 협상이 성공적이었던 것은 여러 요소들이 결합된 결과였습니다. 첫째, 과거 유사 사례 등 협상을 위한 전략적인 준비와 자신의 성과 및 기여를 구체적으로 확인한 것이 협상 성공의 근거를 제공했습니다. 둘째, 협상 과정에서 자신의 요구가 회사에도 긍정적인 영향을 미칠 수 있음을 인식하고, 이를 강조한 점이 중요했습니다. 셋째, 개방적이고 유연한 태도로 접근하며, 회사의 입장과 가능한 대안에 대해 열린 마음을 가진 것이 긍정적인 결과로 이어졌습니다. 넷째, 협상을 통해 달성하고자 하는 목표인 호칭 상승이 퇴직 후 자신의 전문성을 입증하고 재취업을 위해 회사가 자신에게 해 줄 수 있는 배려임을 명확히 한 점이 협상의 성공을 도왔습니다. 마지막으로, 자신의 입장과 제안을 명확하고 설득력 있게 전달하며, 동시에 회사의 의견과 제안도 경청하는 효과적인 커뮤니케이션 능력이 중요한 역할을 했습니다. 이러한 요소들은 개인의 요구와 회사의 이익이 상호 보완적일 수 있음을 보여주며, 전략적인 준비, 커뮤니케이션, 유연성이 협상 과정에서 결정적인 요소임을 강조합니다.

chapter

08

퇴직 준비와 마무리

제8장
퇴직 준비와 마무리

1 퇴직 준비와 마무리의 중요성

퇴직은 단순히 현재의 회사와 법적 관계가 종료된다는 것만을 의미하지 않습니다. 퇴직과 함께 현재의 회사 및 관계사, 직장에서 쌓은 인맥 관계 이외에도 개인과 가족의 재정적 상황의 변화, 퇴직 후 삶의 패턴, 주위의 시선 등 많은 것들이 변화하게 됩니다. 실업 상태에서는 실업급여를 수급 받으면서 새로운 직장이나 평소 선호했던 직업으로의 경력 전환 등을 탐색하게 됩니다.

새로운 직장으로 이직을 하게 될 경우 이직 회사의 인사팀에서는 레퍼런스 체크를 하는 경우가 있습니다. 채용 때에는 직무 성과 역량과 조직문화 적합성 등을 중심으로 면접을 보지만, 채용 절차의 마지막 단계에서는 레퍼런스 체크를 하는 회사들이 있습니다. 레퍼런스 체크를 통해 전 직장의 상사 또는 동료들과의 인간 관계와 퇴직 과정, 퇴직 사유 등을 확인하는데, 실질적인 당락에 영향을 미칩니다. 서류와 면접에서 높은 점수를 받았다고 하더라도 레퍼런스 체크로 인해 최종 합격의 결과가 변경되는 경우는 많이 봐 왔습니다. 퇴직 후에도 자신의 경력과 삶에 도움이 되는 마무리를 위해서는 퇴직과 관련된 제반 절차와 유의점을 미리 알고 준비할 필요가 있습니다.

② 퇴직 전 채용포털 이력서 등록하기

퇴직은 새로운 출발을 의미하기도 합니다. 그래서 사직서를 작성하기 전에 이력서부터 먼저 작성하고 채용포털에 등록하면, 그 과정에서 자신의 가치에 대해 좀 더 객관적으로 판단할 수 있습니다.

퇴직 후 재취업을 위한 활동을 해야겠지만, 가능하다면 퇴직 전에 이직처를 구하는 것이 이직 회사와 연봉, 직급 등 협상하는 데 여러 가지 면에서 유리합니다. 이직 회사에서는 인재를 스카우트해 온다는 느낌을 가지고 있을 때 좀 더 허용적으로 협상에 임합니다. 그렇지만, 놀고 있는 퇴직자를 데려온다는 느낌일 때는 어떤 하자가 있지는 않은지 현미경으로 들여다보듯이 엄격하게 인재를 평가하며, 보수적으로 보상을 책정하는 경향이 있습니다.

매년 밸런스 라이프 휠과 커리어 개발 계획서를 통해 자신의 가치와 욕구를 탐색해 보고, 경력 비전과 구체적인 실천 목표를 수립하면 중장기적으로 희망 퇴직을 대비하고 또는 상시적으로 새로운 기회가 왔을 때 자신의 것으로 만들 수 있습니다. 자신의 경력이나 평판 등 자기 경력관리를 잘해 온 사람들은 퇴직 시 자신의 가치를 잘 알아 주는 회사로부터 바로 영입 제안을 받을 수 있습니다.

그렇지만, 희망퇴직의 대상자로 선정되고 면담이 진행되면서 그제서야 퇴직 후 무엇을 할 것인지를 고민하는 대부분의 사람들은 매우 힘든 과정과 감정을 겪게 됩니다. 평생 직장이 보장되던 시대는 끝났고 이런 현실을 알아채는 그 순간부터라도 안정적인 경력 전환과 평생 직업을 위한 준비를 해야 합니다.

사직서를 작성하기로 마음을 먹었다면 우선적으로 자신의 이력서를 작성하고 채용포털에 등록해서 나의 경력이 시장에 어느 정도 통하는지 확인할 필요가 있습니다. 이를 위해서는 채용포털에 자신의 이력서를 등록하거나 기존에 등록한 이력서를 갱신해야 합니다.

구인 회사에서 원하는 인재들의 경우 채용포털에 이력서를 등록하면 1주일 이내에 연락을 받는 경우도 많이 있습니다. 헤드헌터들이 직무 적합도, 연봉 적합도 등을 고려하여 구직자를 서칭하게 되는데, 주로 1개월 이내 이력서를 갱

신한 사람들을 우선적으로 서칭하게 됩니다. 헤드헌터들은 최근에 이력서를 갱신한 흔적이 있는 등록자들은 구직 의사가 높다고 판단하고 우선적으로 연락을 하게 됩니다.

우리나라의 대표적인 채용포털 또는 채용사이트는 사람인, 잡코리아, 인크루트 등이 있습니다. 워크넷, 잡플래닛, 링크드인, 리멤버, 피플앤잡 등 여러 사이트에서 채용 서비스를 제공하고 있는데, 각각의 특징들이 있으므로 참고하여 이력서를 몇 군데의 채용포털과 사이트에 등록하는 것이 좋습니다.

사람인은 24년 1분기 IR 자료 발표 기준으로 이력서 8,071,586건과 채용공고 506,006건이 등록되어 있는 국내 최대의 채용포털입니다. 잡코리아는 23년 1월 GA 발표 기준으로 이력서 3,070,000건과 채용공고 235,000건이 등록되어 있습니다. 워크넷은 구직급여를 받기 위해 필수적으로 등록해야 하므로 구직 의사가 있는 사람도 있지만, 실업 급여가 목적인 사람들이 많이 혼재되어 있어 헤드헌터들의 선호도는 조금 낮습니다. 그 외에도 피플앤잡에는 외국계기업 채용공고가 많이 나오며, 잡플래닛은 회사에 대한 리뷰와 평점, 직원 만족도를 확인할 수 있고, 자소설닷컴은 기업별 채팅방을 운영하고 있습니다.

표 8-1 채용포털과 채용사이트 현황

회사명	차별화된 서비스	헤드헌터 선호도
사람인 (Saramin)	AI 매칭 서비스, 면접 후기, 체계적인 경력 개발 서비스	매우 높음
잡코리아 (JobKorea)	연봉 정보, 직무별 커리어 가이드, 다양한 취업 컨설팅 서비스	매우 높음
인크루트 (Incruit)	온라인 이력서 관리, 맞춤형 채용 정보 제공, 채용 박람회 정보	매우 높음
원티드랩 (Wanted Lab)	AI 매칭, 기업 맞춤형 채용 정보, 경력 개발 프로그램	높음
자소설닷컴	데이터랩, 채팅방, 합격후기	높음
링크드인 (LinkedIn)	글로벌 네트워크, 전문직 커리어 상담	높음
리멤버 (Remember)	전문가 네트워크, 고급 경력직 정보 제공	높음
커리어 (Career)	업계별 취업 뉴스, 전문 커리어 상담 서비스	중간

스카우트 (Scout)	헤드헌팅 서비스, 맞춤형 경력 개발 서비스, 기업 채용 트렌드 분석	중간
캐치 (Catch)	기업 분석 보고서, 채용 트렌드 분석, 면접 후기	중간
블라인드 (Blind)	익명으로 기업 정보 제공, 내부자 리뷰	중간
잡플래닛 (JobPlanet)	상세한 회사 리뷰 및 평점, 직원 만족도 조사, 연봉 비교 서비스	중간
알바몬 (Albamon)	시간별, 지역별 아르바이트 정보, 알바 계산기, 급여 정보 제공	중간
디자이너잡 (Designer Job)	디자이너를 위한 포트폴리오 관리, 전문 채용 정보	중간
피플앤잡 (PeoplenJob)	글로벌 기업 채용 정보, 경력직 및 관리자급 채용 정보 집중 제공	중간
메디컬잡 (Medical Job)	의료 직종별 맞춤형 정보 제공, 전문 취업 컨설팅	중간
워크넷 (Worknet)	정부 지원 프로그램 정보, 고용 복지 서비스, 직업 훈련 정보	낮음

채용포털에 등록되는 이력서는 자신의 노동 가치를 포장하여 시장에 내어 놓는 것입니다. 기업의 규모, 포지션, 보상 조건, 기업의 명성 등에 따라 접수되는 이력서의 숫자는 다르지만, 조건이 좋은 대기업 포지션이라면 1명을 채용하는 데 수백 명의 지원자들이 이력서를 제출합니다. 기업의 채용 담당자의 입장에서는 이력서를 모두 자세히 점검하는 것이 쉬운 일은 아니므로 성의가 없는 이력서는 자세히 읽어 보지도 않고 탈락시킵니다.

잘 알고 지내는 헤드헌터들의 이야기를 들어 보면 이력서를 보는 것만으로도 이 후보자가 채용 절차의 어느 단계까지 갈 것인지를 예상할 수 있다고 합니다. 헤드헌터도 자신을 믿고 맡겨 준 채용사와의 관계, 신뢰와 평판이 중요하기 때문에 엄격한 기준으로 이력서를 검토하게 됩니다. 대충 작성된 이력서는 채용사에 전달하지도 않으며, 그냥 어느 정도 날짜가 지난 후 서류 탈락이라고 통보하게 됩니다. 이력서를 작성하고 등록할 때에는 자신의 가치를 잘 드러낼 수 있도록 정성을 들이고, 또한 전략적으로 자신의 경력을 포장하는 기술이 있어야겠습니다.

3 사직서 작성하기

개인의 삶에 있어 퇴직은 중요한 결정이며, 이 과정에서 사직서를 작성하고 제출하는 것은 필수적인 단계입니다. 사직서는 근로계약서와 달리 별도의 표준 양식이 없으므로 회사마다 조금씩 상이합니다. 사직서의 의미, 사직서에 대한 법적 기준, 그리고 사직서를 작성할 때 유의할 점을 정리해 보았습니다.

1 사직서의 의미

정규직, 계약직, 파견직 등 고용 형태에 상관없이 본인의 의사로 퇴직을 결정한 경우 사직서를 제출해야 합니다. 정리해고가 아닌 경우를 제외한 모든 경우의 퇴직은 회사와 합의하에 근로관계를 종료하는 것이므로 근로자의 서명이 들어간 사직서가 필요합니다. 사직서는 퇴직 의사를 공식적으로 알리는 문서로, 회사와의 원만한 관계 유지를 위해서도 필요합니다.

사직서는 본인이 해당 회사에서 더 이상 근무하지 않겠다는 퇴직 의사를 공식적으로 전달하는 문서입니다. 사직서를 제출함으로써 퇴직 절차가 공식적으로 시작되며, 회사는 퇴직자의 업무 인수인계와 후임자 채용 등을 준비할 수 있도록 합니다.

희망퇴직, 권고사직 등 회사가 퇴직을 압박하는 상황에서 사직서에 서명을 하고 제출하는 경우가 있습니다. 회사의 강요나 심리적 압박에 의해 사직원을 제출했다고 하더라도 본인이 서명을 했기 때문에 향후 부당해고[16] 구제신청을 하기가 어렵게 됩니다. 부당해고 구제신청을 하더라도 대부분 기각되기 때문에 사직서에 서명을 하여 제출하는 것은 매우 신중하게 결정해야 합니다. 비록 회사의 강요가 있었다고 하더라도, 주위의 시선으로 인해 불편한 상황이 이어지

---

16 부당해고: 근로자의 의사와 무관하게, 정당한 이유 없이, 사용자가 일방적으로 근로관계를 종료시키는 행위를 의미한다. 사용자의 해고가 정당하기 위해서는 사유, 절차, 수단의 정당성 3가지 요건을 충족해야 합니다. 3가지 요건 중 한 가지라도 충족하지 못하는 해고는 정당한 이유가 없는 해고이다. 부당해고를 당한 날부터 3개월 이내에 노동위원회에 부당해고 구제신청을 할 수 있다.

더라도 사직서 제출은 후회하지 않겠다는 결심이 섰을 때 해야 합니다.

2 사직서의 법적 효력 기준과 현실적인 퇴직일

근로기준법이나 노동관계법령에는 사직 방법, 사직서 제출 시기 등에 대해 규정하지 않고 있습니다. 민법 제660조에 의하면 계약기간을 정하지 않은 근로자는 언제든지 사직을 통고[17]할 수 있으며, 사업주가 사직 의사를 수리할 경우 수리한 날에 사직의 효력이 발생하지만, 수리하지 않을 경우에는 통고일로부터 1월의 기간이 경과하면 효력이 발생합니다.

> 제660조(기간의 약정이 없는 고용의 해지통고)
>
> ① 고용기간의 약정이 없는 때에는 당사자는 언제든지 계약해지의 통고를 할 수 있다.
>
> ② 전항의 경우에는 상대방이 해지의 통고를 받은 날로부터 1월이 경과하면 해지의 효력이 생긴다.
>
> ③ 기간으로 보수를 정한 때에는 상대방이 해지의 통고를 받은 당기후의 일기를 경과함으로써 해지의 효력이 생긴다.

다만, 일정한 기간(월급제 등)으로 정하여 임금을 정기 지급하는 경우에는 사용자가 근로자의 퇴직 의사표시를 통보받으면 1임금 지급기가 경과한 때에 계약 해지의 효력이 발생합니다. 예를 들어, 임금 지급기가 매월 1일부터 말일까지인 경우, 4월 10일 사직을 통고하였다면 6월 1일에 사직의 효력이 발생합니다.

퇴직 전 다른 회사에 입사가 결정된 경우가 있습니다. 이직 회사에서는 가급적 빨리 와 달라는 이야기를 합니다. 기왕 결정한 것, 조금 부담스럽더라도 현 직장에 퇴직 날짜를 통보하고 오라는 이야기를 하기도 합니다.

그렇지만, 가급적 퇴직일은 현 직장의 상사 또는 인사 담당자와 퇴직 면담을 통해 원만하게 합의하는 것이 좋습니다. 입사일이 조금 늦어지더라도 이직 회사의 채용 담당자 또는 함께 근무할 부서장에게 "현재의 업무를 잘 마무리하고

---

17 통고: 서면이나 말로 소식을 알림.

후임자에게 충분히 인계하고 가기 위해 조금만 더 기다려 주면 좋겠습니다."라고 하는 모습이 오히려 책임감이 높은 모습으로 보이기 때문에 플러스 요인으로 작용하게 됩니다.

대충 통보식으로 떠나게 되면 해당 직속상사가 좋지 않은 감정을 그대로 퇴직 면담 내용에 기록할 수 있습니다. 나중에 다른 회사로 이직을 할 경우 레퍼런스 체크에서 좋지 않은 점수를 받게 될 수도 있습니다.

또한, 자칫하여 퇴직이 제대로 승인도 되지 않았는데 마음대로 회사에 출근하지 않고 다른 회사로 출근하는 경우가 있습니다. 이런 경우는 전 직장에서 고용보험이나 의료보험 등 상실신고를 하지 않고, 무단 결근 처리를 하는 경우도 있습니다. 이렇게 되면 이직한 회사에서도 고용보험과 의료보험 취득 등 법적 서류 정리에 번거로움이 발생하게 됩니다. 무단 결근으로 처리되면 본인 과실이기 때문에 퇴직금이 줄어들게 되며, 무엇보다 이직한 회사에서의 첫인상이 좋지 않게 남게 되므로 마이너스 요인이 됩니다.

3 사직서 작성할 때 유의할 점

사직서는 회사의 규정에 맞는 형식을 준수하여 작성하게 됩니다. 일반적으로 성명, 소속, 날짜, 퇴직 사유를 명시합니다. 향후 재취업 시에 취업하고자 하는 회사의 인사팀에서 레퍼런스 체크를 하는 경우가 있습니다. 인사 담당자가 해당 근로자를 정확하게 기억하지 못할 경우 사직서의 퇴직 사유와 상사와 면담을 기록한 내용을 참조하여 답변하는 경우가 있습니다.

따라서 사직서에는 불필요한 내용을 제외하고 간단하고 명확하게 핵심만 작성하는 것이 좋습니다. 비록 감정이 상해서 퇴직을 결심했더라도 감사의 인사를 포함하여 회사와의 원만한 관계를 유지하는 것이 중요합니다. 사직서에 기재된 퇴직 사유와 불쾌한 감정의 표현은 시간이 지나도 기록으로 계속 남으며, 인사 담당자도 자주 바뀝니다. 새로운 인사 담당자는 레퍼런스 체크 요청을 받을 때 사직서에 적힌 퇴직의 이유를 우선적으로 참조하여 답변하게 됩니다.

4 희망퇴직자가 사직서 작성할 때 유의할 점

희망퇴직을 통해 사직을 할 경우 회사에서는 2가지 사직서를 준비하게 됩니다. 일반적인 사직서와 희망퇴직의 조건이 기재된 신청서입니다. 일반적인 사직서에는 회사와 근로자가 청산해야 할 제반 금품, 사원증, PC 반납, 경업금지약정 등이 포함됩니다. 희망퇴직 신청서에는 희망퇴직의 조건이 기재되는데, 희망퇴직 위로금과 전직지원금 등 제반 보상 조건과 퇴직일을 기재하도록 되어 있습니다. 희망퇴직 신청서에는 다음과 같은 회사의 법적 면책 조항을 넣고 있습니다.

> 희망퇴직 신청은 본인의 자유의사에 따라 신청한 것으로 희망퇴직 신청이 받아들여져 퇴직 처리가 된다면 회사를 상대로 어떠한 민·형사상, 행정상 이의도 제기하지 않을 것을 확약합니다.

회사에서는 희망퇴직 위로금을 지급하고, 향후 발생할 가능성이 있는 법적 분쟁의 소지를 없애려는 것입니다. 향후 고용노동위원회 진정 또는 민사 소송 등을 진행할 의사가 있다면 퇴직원에 서명을 하는 것은 신중하게 결정해야 할 것입니다.

희망퇴직에 의한 퇴직자는 자발적인 퇴직이지만, 실업급여의 수급 대상자에 해당됩니다. 그렇지만, 퇴직 사유를 "개인적인 사유로 퇴직합니다."와 같이 기재하는 경우에 실업급여를 받지 못하게 될 수 있습니다. 또한 회사에서 경영상의 이유가 아닌 근로자의 자발적인 퇴직이라고 신고를 하면 실업급여를 받기가 어렵게 됩니다. 사직서에 퇴직 사유를 적을 때에는 다음과 같이 명확하게 작성하는 것이 법적 분쟁의 소지를 없앨 수 있습니다.

> 회사의 경영사정 악화에 따라 실시한 희망퇴직에 의한 퇴사입니다.

4 사직 의사 전달의 의미와 방법, 주의사항, 법적 효과

1 사직 의사 전달의 의미

사직 의사의 전달은 직원이 회사와의 고용 계약을 종료하고자 하는 의사를 공식적으로 표명하는 것을 의미합니다. 이는 개인의 커리어 발전, 건강 문제, 개인적 이유 등 다양한 이유로 발생할 수 있으며, 회사와의 원만한 관계 유지를 위해 중요한 과정입니다.

2 사직 의사 전달 절차와 유의할 점

1 사직 의사 제출의 과정

사직서는 문서로 직접 상사에게 전달하며 구두로 사직 의사를 표명해야 합니다. 이직 회사가 확정된 경우에는 가능한 한 빨리 사직 의사를 전달하여 인수인계 기간을 충분히 확보할 수 있도록 해야 합니다.

상사와의 면담 후 상사가 사직을 승인하지 않고 설득을 하려고 한다면, 인사팀에 공식적으로 사직 의사를 전달하는 것이 퇴직의 시점을 명확히 하고 퇴직 절차를 진행하는 데 도움이 됩니다.

사직서 제출 후에는 사직 수락에 대한 확인을 받아 두는 것이 법적 분쟁을 방지할 수 있습니다. 사직서에 회사측의 서명이 들어가면 사직이 승인된 것입니다. 사직 수락 확인을 받기 어렵다면 인사 담당자의 퇴직 절차 안내 메일 등도 좋습니다.

상사 또는 인사팀과의 퇴직 면담 시에는 면담자가 녹음을 명시적으로 해서는 안 된다고 하지 않는 한, 면담의 내용을 녹음하는 것은 불법이 아니기 때문에 진행할 수 있습니다. 퇴직 면담은 가급적 녹음을 하는 것이 향후의 분쟁을 방지하는 것이며, 법적 분쟁 시 증거로 활용할 수 있습니다.

상사에게 사직서 전달 및 면담 → 인사팀 전달 → 사직 수락 확인

② 상사와의 면담 시 주의점

상사의 면담에 앞서 사직 이유와 앞으로의 계획에 대해 명확하게 설명할 수 있도록 준비합니다. 본인의 생각 정리가 어렵다면 문장으로 기술하고 교정하면서 전달하려는 내용의 요지를 명확히 하면 도움이 됩니다.

- 명확하고 단호하게 퇴직 사유를 전달해야 합니다.
- 상사의 감정과 입장을 이해하는 자세가 필요합니다.
- 면담 내용은 모두 기록해 둡니다.

면담 시에는 그동안 감사의 마음과 함께 퇴직의 사유를 명확하고 단호하게 설명해야 합니다. 원하는 퇴직 시점을 이야기하는 것이 상사가 후임자를 물색하고 업무 인수인계를 준비하는 데 도움을 줄 수 있습니다.

상사와의 퇴직 면담 시에는 상사도 매우 놀라고 당황스러운 상황이 됩니다. 정말 아끼는 인재가 퇴직 의사를 밝혔다면 상사의 입장에서는 배신감도 느낄 수 있고, 당장의 업무 공백이 걱정이 되는 상황이므로 상사의 감정도 이해하는 자세가 필요합니다. 내보내고 싶은 직원이 퇴직 면담하는 경우가 아니라면 상사와 2~3회 정도 면담이 진행되는 경우가 일반적입니다. 면담의 횟수와 관계없이 정중하지만 단호한 화법으로 퇴직 의사를 명확하게 전달해야 합니다. 퇴직 면담의 분위기에 따라 회사에서의 경험과 건설적인 피드백을 이야기하는 것도 좋습니다.

- 상사와 면담 전에 취업규칙, 단체협약 등에 있는 퇴직 조항을 확인합니다.
- 면담 시에 사직서를 제출하고 면담을 진행합니다.
- 면담 내용은 꼼꼼하게 기록을 남겨둡니다.

상사와의 면담에서 퇴직 의사를 표명하는 것은 공식적인 절차입니다. 취업 규칙에 퇴직 의사는 퇴직일 1개월 전에 사직서를 제출해야 한다는 규정을 두는 회사도 있습니다. 퇴직 면담을 하기 전에 취업규칙, 단체협약 등을 확인한 후 사직서 등 퇴직 관련 준비해야 할 서류가 있다면 면담 시 제출하고 퇴직 관련 절차를 지키는 것이 좋습니다. 퇴직 면담이 이루어질 때는 녹음을 하는 것이 좋고, 보안규정 등으로 녹음이 어렵다면 면담자, 면담 장소, 면담 시간과 면담 내용을 꼼꼼하게 기록하여 두고 면담 결과를 정리하여 면담자에게 확인을 받는 것이 향후 발생할지도 모를 분쟁을 대비할 수 있습니다.

③ 인사팀 담당자와의 면담 시 주의점

상사와 면담하면 흔히 '좀 더 고민해 보면 좋겠다. 아직 인사팀에는 알리지 말아 달라.'는 이야기로 마무리가 됩니다. 상사에게 사직서를 제출, 퇴직 면담이 이루어졌다면 법적으로 유효한 것이므로 상사의 입장도 배려할 필요가 있습니다. 그렇지만, 상사가 재면담의 일정을 미루거나 계속하여 사직 수락의 의사를 보여 주지 않을 경우에는 인사팀과 면담을 진행하는 것이 좋습니다.

인사팀과의 면담은 상황에 따라 퇴직 의사를 번복시키기 위한 면담과 퇴직을 진행시키는 면담이 진행될 수 있습니다. 퇴직 의사를 번복시키기 위한 면담이라면 상사와의 면담에서 준비했던 퇴직 사유와 퇴직 시점을 인사 담당자에게 단호하고 명확하게 전달해야 퇴직 절차가 빠르게 진행될 수 있습니다.

⑤ 업무의 인수인계와 마무리

❶ 진행 중인 프로젝트와 업무의 인수인계

현재 진행 중인 프로젝트 또는 업무에 대한 상세한 인수인계 문서를 작성해야 합니다. 퇴직자는 '이제는 끝이다. 어차피 안 볼 사이인데 시간 아깝다.' 등의 마음가짐으로 업무 인수인계서를 대충 형식적으로 정리하고 가는 경우가 있습니다. 가능한 업무 인수인계서를 자세하게 기술하는 것이 좋습니다. 단순히 후임자를 위한 것만은 아닙니다.

자신의 머릿속에 있던 암묵지를 형식지로 전환하여 자신의 업무 역량을 한 단계 발전시키는 과정이고, 자신이 성취했던 성과를 정리하는 시간이므로 자기 자신을 위한 것이기도 합니다. 업무 인수인계를 잘하고 가는 사람은 회사를 옮긴 후에도 잘 정착하고 좋은 인재로 성장한 사례가 많이 있습니다. 업무 인수인계 외에도 후임자나 업무와 관련된 동료들을 위해서 필요한 회의 또는 교육 세션을 진행하는 것도 남아 있는 동료들에게 좋은 이미지를 만들어 줄 것입니다.

2 디지털 업무 공간과 물리적 업무 공간의 정리

디지털 업무 공간과 물리적 업무 공간을 잘 정리하는 것도 중요합니다. 사적인 이메일이나 개인 서류 등 개인적인 자료들은 모두 파기를 해야 개인 정보 유출의 사고를 막을 수 있습니다. 온라인 업무 공간을 정리하여 동료들이 중요한 문서들을 쉽게 파악하고 접근할 수 있도록 해야 합니다. 물리적 업무 공간인 책상과 자신의 업무 공간을 정리하고 회사 자산을 반납하며 후임자를 위해 자료를 정리합니다.

6 행정적 마무리와 인맥 관리

1 행정적 마무리

상사의 사직 수락 의사가 인사팀에 전달되면 퇴직 절차에 따라 인사팀의 퇴직 면담과 서류 정리 등 행정적 절차가 진행됩니다. 회사마다 조금씩 상이하지만, 상사의 서명이 포함된 사직서와 퇴직에 필요한 서류(비밀유지 서약서, 경업금지 서약서, 법인 카드 반납 확인, PC 반납 확인, 대출 상환 확인 등)를 제출하게 됩니다. 인사팀 담당자에게 자신이 받게 될 퇴직금, 연차 보상과 기타 법적 권리를 확인해야 하며, 업무 인수인계 계획과 결과를 설명합니다,

퇴직 후 필요할 수 있는 서류들을 정리하여 발급받아야 합니다. 가급적 재직 중 준비할 수 있는 것들은 준비하고, 어떤 서류들은 퇴직 후에 발급이 가능하기

때문에 퇴직 이후에는 회사에 요청하여 발급받을 수 있습니다.

퇴직 전 정리해야 할 서류 목록

- 재직증명서
- 경력증명서
- 급여 명세서 및 세금 관련 서류
- 퇴직금 정산서
- 연말정산 관련 서류
- 건강보험 자격 상실신고서
- 국민연금 납부 내역서
- 추천서
- 업무 성과 정리

- **재직증명서**: 재직 기간, 직위, 주요 업무 내용을 포함하는 재직증명서 또는 재직 확인서를 받습니다.
- **경력증명서**: 자신의 역할과 업무 내용을 자세히 설명하는 경력증명서를 요청합니다. 일반적으로 최종 근무 부서와 직위 정도가 나옵니다. 필요시에는 상세하게 발령 이력이 있는 부서가 모두 나올 수 있도록 요청합니다. 이는 향후 주요 자격증 취득 등 전문성을 인정받기 위해 필요할 수 있습니다. 경력증명서는 재직 중에는 발급되지 않고, 퇴직 후 발급해 주는 회사들이 있습니다.
- **급여 명세서 및 세금 서류**: 최근 몇 개월간의 급여 명세서와 원천징수영수증 등 세금 서류를 받습니다.
- **퇴직금 정산서**: 퇴직금 산정 기준과 금액, 지급 일정 등이 포함되며 향후 재정 계획 수립에 필요합니다.
- **연말정산 관련 서류**: 근로소득 원천징수영수증, 연말정산 내역서를 발급받아서 다음해 연말정산을 할 때 활용합니다. 원천징수영수증은 회사 직인이

찍힌 원본으로 준비하는 것이 좋습니다.

- **건강보험 자격 상실신고서, 국민연금 납부 내역서:** 향후 보험 및 연금 수급을 위한 준비에 필요합니다.
- **추천서:** 발급받을 서류는 아니지만, 향후 필요시 추천서를 부탁드린다고 자신의 상사나 동료에게 미리 부탁드리는 것도 좋습니다. 향후 레퍼런스 체크를 할 때 이분들에게 부탁드리면 도움을 받을 수 있을 것입니다.
- **업무 성과 정리:** 발급 받는 서류는 아니지만 현 직장에서 자신이 수행했던 업무 성과와 업적을 꼼꼼하게 정리하여 서류로 만들어 두는 것은 향후 이력서 작성에 큰 도움이 됩니다. 가능하다면 자신이 수행한 주요 프로젝트의 보고서는 백업해 두는 것이 좋습니다. 그렇지만, 영업 비밀 보호의 문제가 있는 회사 비밀 정보는 제외해야 합니다.

2 금융 거래 확인 및 사전 조치

새로운 회사로 바로 이직을 하지 않고 실업자 상태를 유지하게 되거나 은퇴를 하는 경우에는 여러 가지 금융 제약이 발생할 수 있습니다. 개인 신용도가 하락하게 되고, 근로소득이 없거나 소득이 낮아져 DTI 영향을 주게 됩니다. 이에 따라 신규 대출의 승인이 나지 않거나 IRP 계좌 개설 등 금융 관련 제약이 발생하게 됩니다. 퇴직 후 발생할 수 있는 금융 제약을 미리 확인하고 재직 중에 조치를 취하는 것이 좋습니다.

3 고유한 사회적 자본으로서 인맥 관리

사직서에는 본인의 퇴직 이유뿐만 아니라 상사와 인사팀에서 퇴직 면담 의견을 적는 경우가 많이 있습니다. 면담 의견을 어떻게 적는지에 대해서는 퇴직자는 확인하기 어렵지만, 향후 이직을 할 경우에 레퍼런스 체크 또는 실업급여 수급에 영향이 있을 수 있으므로 부정적인 이미지로 퇴직이 이루어지지 않도록 해야 합니다.

퇴직 후에도 개인적 관계와 직무 전문가로서의 관계를 이어가야 할 동료들에 대한 연락처는 별도로 정리를 해 두어야 합니다. 퇴직 후에는 회사 시스템에 접근할 수 없고, 일일이 묻기도 쉽지 않습니다. PC를 반납하기 전에 정리를 해두는 것이 좋습니다. 그리고 동료 및 주요 관계사들에게는 가급적 직접 대면하여 그동안 도와주심에 대한 감사와 작별의 인사를 나누는 것이 좋습니다. 모두 직접 찾아가서 인사를 나누기 어려울 때에는 이메일을 보내서 인사를 하는 것도 좋습니다. 어떤 사람은 사내 게시판에 작별 인사를 하거나 자신이 잘 모르는 사람들까지 포함하여 전 사원 이메일을 보내는 경우도 있습니다. 이런 경우 성의가 없게 느껴지며, 나한테 인사하는 것이 맞는지 의문이 들기 때문에 좋지 않은 인상을 남길 수도 있습니다.

사람인, 잡코리아, 인크루트, 리멤버, 링크드인 등 채용포털에 자신의 프로필을 업데이트하고, 동료들과 SNS를 연결하는 등 그동안 쌓아 온 중요한 사회적 자본인 인맥을 잃어버리지 않고, 계속하여 유지할 수 있도록 해야 합니다. 작별 인사를 할 때 좀 더 주의를 기울여서 전략적으로 해야겠습니다.

chapter

09

퇴직 관련 금품과 세금: 퇴직금, 평균임금, 위로금

제9장

퇴직 관련 금품과 세금: 퇴직금, 평균임금, 위로금

① 희망퇴직 시 받는 실수령액 계산

희망퇴직 시 법정 퇴직금, 연차수당 외 희망퇴직 위로금까지 적지 않은 금액을 지급받게 됩니다. 이를 근거로 대출 상환, 투자, 생활비, 비상금 등 경력 전환 성공까지의 재정 계획을 수립하게 되며, 은퇴 후의 삶을 설계하게 됩니다. 그렇지만, 막상 퇴직 관련 제금품을 받고 나면 기대했던 금액보다 적어서 적지 않게 당황하거나 낭패를 경험하는 사람들이 있습니다. 대부분 세전 금액으로 자신의 수령 금액을 계산하기 때문입니다. 또한, 인사부서에서 정확하게 계산하기 위해 몇 번을 검증하지만, 그래도 가끔씩 퇴직 관련 제금품이 잘못 계산되어 지급되는 사례도 있습니다.

희망퇴직 당사자 스스로가 퇴직 시 받게 되는 제반 금품의 항목과 세금을 공제한 실수령액이 어떻게 계산되는지 알고 있어야 하며, 이는 보다 현실적인 재정 계획을 수립하는 데 도움이 됩니다. 희망퇴직의 결심을 굳히기 전에, 사직서를 제출하기 전에 실제 받게 되는 금액을 정확하게 이해하고 이를 기반으로 재정 계획을 수립하고 희망퇴직을 결정해야 합니다.

표 9-1 **희망퇴직 시 통상 수령하는 금품의 항목과 적용 세목**

항목	계산 기준	세목
잔여 급여	근태기산일 이후 퇴직일까지 근무일수 기준	근로소득세
법정 퇴직금	3개월 평균임금과 근속연수 기준	퇴직소득세

희망퇴직 위로금	회사와 근로자 간 합의한 기준 (평균임금·통상임금·기본급·연봉 등)	퇴직소득세
연차수당	전년도 발생 연차 중 금년도 미사용 연차	근로소득세
전직지원금	회사와 근로자 간 합의한 기준	근로소득세

퇴직 시에는 급여 외 항목들에 대한 계산 기준과 적용되는 세금을 이해하고 있어야 합니다. 항목별 적용되는 세목이 근로소득세 또는 퇴직소득세인가에 따라 실수령액에 큰 영향을 미치게 됩니다. 회사의 주택융자금 대출, 학자금 대출 등 상환해야 할 금액은 퇴직 전에 정산을 끝내야 합니다.

간혹 퇴직금 또는 희망퇴직 위로금에서 회사 주택융자 대출금 등을 공제해 달라는 요청이 있습니다만 쉽지 않습니다. 법적으로 퇴직금은 전액 IRP 계좌에 입금되어야 하기 때문에 회사에서 손을 댈 수 없습니다. 퇴직 위로금은 IRP 또는 별도의 계좌로 입금을 할 수 있지만, 대출금을 회사에서 공제하고 지급하는 것은 개인의 동의서, 퇴직소득세 계산, 별도의 계좌로 지급하기 위한 계산 과정 등 부수적인 절차들을 검토해야 하기 때문에 통상 진행하지 않으려고 합니다.

② 2024년 퇴직소득세

근로의 대가로 지급하는 임금에는 근로소득세가 부과되며, 퇴직소득에는 근로소득세보다 세율이 낮은 퇴직소득세가 부과됩니다. 근로자가 퇴직 시 받게 되는 금품이 퇴직소득에 해당되는지를 판단하기에는 애매한 경우들이 있는 데, 국세청에서 인정하는 퇴직소득의 범위는 다음과 같습니다.

표 9-2 **퇴직소득의 범위**

- 공적연금 관련법에 따라 받는 일시금(지연지급 이자 포함)
- 사용자 부담금을 기초로 하여 현실적인 퇴직을 원인으로 지급받는 소득
- 소기업·소상공인 공제금(2016.1.1. 이후 가입분부터 적용)

- 건설근로자의 고용개선 등에 관한 법률에 따라 지급받는 퇴직공제금
- 과학기술인공제회법에 따라 지급받는 과학기술발전장려금
- 종교관련종사자가 현실적인 퇴직을 원인으로 종교단체로부터 지급받는 소득

출처: 국세청

세법상 퇴직소득은 사용자 부담금을 기초로 하여 현실적인 퇴직을 원인으로 지급받는 소득을 의미합니다. 다만, 현실적인 퇴직 사유가 발생하였으나 퇴직급여를 실제로 지급받지 않는 경우 퇴직으로 보지 않습니다. 현실적인 퇴직 사유에는 해당하지 않지만 퇴직금중간지급 사유에 해당하여 지급받는 퇴직금은 퇴직소득으로 판정하고 있습니다. 퇴직소득세의 계산은 다음 도표에 따라 진행되며, 국세청 홈페이지에 자세하게 나와 있습니다.

그림 9-1   퇴직소득세 계산 방식

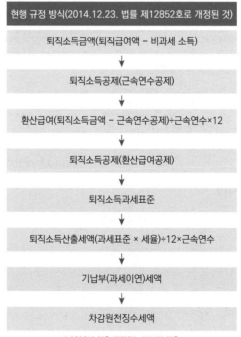

현행 규정 방식(2014.12.23. 법률 제12852호로 개정된 것)

퇴직소득금액(퇴직급여액 − 비과세 소득)
↓
퇴직소득공제(근속연수공제)
↓
환산급여(퇴직소득금액 − 근속연수공제)÷근속연수×12
↓
퇴직소득공제(환산급여공제)
↓
퇴직소득과세표준
↓
퇴직소득산출세액(과세표준 × 세율)÷12×근속연수
↓
기납부(과세이연)세액
↓
차감원천징수세액

* 2020년 이후 퇴직하는 분부터 적용

* 국세청 〉 국세신고안내 〉 개인신고안내 〉 원천세 〉 퇴직소득 〉 퇴직소득세 계산방법 및 계산사례(nts.go.kr)

2004.01.01 입사, 2023.12.31 퇴사하여 근속연수가 20년이며, 퇴직금은 1억원인 근로자의 퇴직소득세 계산

① 퇴직급여액

비과세소득(장해보상금 등)

② 퇴직소득금액

③ 근속연수공제

근속연수	근속연수공제
5년이하	근속연수×100만원
10년이하	500만원+(근속연수-5)×200만원
20년이하	1,500만원+(근속연수-10)×250만원
20년초과	4,000만원+(근속연수-20)×300만원

④ 환산급여

(퇴직소득금액·퇴직소득공제)×12÷근속연수

⑤ 환산급여공제

환산급여	환산급여공제
800만원이하	전액 공제
7,000만원이하	800만원+(환산급여·800만원)×60%
10,000만원이하	4,520만원+(환산급여·7,000만원×55%
30,000만원이하	6,170만원+(환산급여·10,000만원)×45%
30,000만원초과	15,170만원+(환산급여·30,000만원)×35%

⑥ 과세표준

기본세율

과세표준	세율	누진공제액
1,400만원이하	6%	-
5,000만원이하	15%	1,260,000원
8,800만원이하	24%	5,760,000원
15,000만원이하	35%	15,440,000원
30,000만원이하	38%	19,940,000원
50,000만원이하	40%	25,940,000원
100,000만원이하	42%	35,940,000원
100,000만원초과	45%	65,940,000원

⑦ 환산산출세액

(과세표준×기본세율) - 누진공제액

⑧ 산출세액

환산산출세액÷12×근속연수

---

① 퇴직급여액 100,000천원

② 퇴직소득금액 100,000천원

③ 근속연수공제 40,000천원
= 15,000천원+(20년-10)×2,500천원

④ 환산급여 36,000천원
= (100,000천원-40,000천원)×12÷20년

⑤ 환산급여공제 24,800천원
= 8,000천원+(36,000천원-8,000천원)×60%

⑥ 과세표준 11,200천원
= 36,000천원-24,800천원

⑦ 환산산출세액 672천원 = 11,200천원×6%

⑧ 산출세액 1,120천원 = 672천원÷12×20년

재직 중 퇴직금을 중간정산 받는 경우가 있습니다. 퇴직금 중간정산의 내역을 빠뜨리면 퇴직소득세를 계산할 때 크게 불리한 상황이 될 수 있습니다. 퇴직 후 받게 되는 퇴직금이 2억원, 30년 근속, 근속 11년차에 퇴직금 중간정산을 받고 1,500,000원의 세금을 납부한 경우의 세금의 차이를 살펴 보면 이해가 쉬울 것 같습니다.

중간정산 내역 미포함 시 퇴직소득세: 11,264,005원
중간정산 내역 포함 시 퇴직소득세: 5,655,000원

　　희망퇴직의 경우 퇴직 위로금이 함께 지급됩니다. 퇴직 위로금 3억원이 추가된다면 세금의 차이는 훨씬 커집니다.

중간정산 내역 미포함 시 퇴직소득세: 70,093,510원
중간정산 내역 포함 시 퇴직소득세: 38,125,007원

　　이는 환산급여를 계산할 때 근속연수를 몇 년으로 인정받는가에 따라 발생하는 차이입니다. 퇴직금과 퇴직 위로금 5억원의 환산급여를 계산할 때, 퇴직금 중간정산 이후부터 근속을 계산하면 재직기간은 20년이 되며, 입사일로부터 계산하면 30년이 됩니다.
　　퇴직 후 받게 되는 퇴직금 + 퇴직 위로금 5억원만을 가지고 환산급여를 계산하면 다음과 같이 나옵니다.

입사일부터 30년을 정산근속연수로 산정 시 환산급여:
(5억원－7천만원) x 12 / 30 =172,000,000원
중간정산일부터 20년을 정산근속연수로 산정 시 환산급여:
(5억원－4천만원) x 12 / 20 = 276,000,000원

퇴직소득세는 환산급여를 기준으로 세금이 부과되기 때문에 퇴직금 중간정산 내역을 확인받아서 정산근속연수를 산출해야 세금이 줄어들게 됩니다. 퇴직금 중간정산 내역은 퇴직소득원천징수영수증을 발급받으면 확인할 수 있으며, 중간정산을 받을 때 회사에 요청하면 받을 수 있습니다. 중간정산 이후 상당 기간(5년 이상)이 지났기 때문에 회사에서 보관하는 서류가 없다고 한다면 관할 세무서에 요청하면 발급받을 수 있습니다.

국세청 홈택스에서는 근로자가 손쉽게 퇴직소득세를 계산해 볼 수 있도록 퇴직소득 세액 계산 프로그램을 엑셀 시트로 제공하고 있습니다. 퇴직금 중산정산 내역과 최종 퇴직금 지급 내역을 입력하면 자동으로 퇴직소득세가 계산되어 나옵니다.

사직원을 제출하기 전에 퇴직소득 세액 계산 프로그램을 이용하여 시뮬레이션해 보면 퇴직소득세를 공제한 후 실제 손에 쥐게 되는 실수령액 개념의 퇴직소득을 확인할 수 있으므로 미래 재정 계획을 수립하는 데 도움이 됩니다.

그림 9-2　2024년 퇴직소득 세액 계산 프로그램

■ 소득세법 시행규칙[별지 제24호서식(2)]　〈개정 2020. 3. 13.〉

				거주구분	거주자1 / 비거주자2
		퇴직소득원천징수영수증/지급명세서		내외국인	내국인1/ 외국인9
관리번호		([ ] 소득자 보관용　[ ] 발행자 보관용　[ ] 발행자 보고용)		종교관련종사자 여부	여 1/ 부 2
				거주지국	거주지국코드
				징수의무자구분	

징수 의무자	①사업자등록번호		②법인명(상호)		③대표자(성명)	
	④법인(주민)등록번호		⑤소재지(주소)			
소득자	⑥성　명		⑦주민등록번호			
	⑧주　소				(9) 임원여부	
	(10) 확정급여형 퇴직연금 제도 가입일				(11) 2011.12.31.퇴직금	

귀 속 연 도	#VALUE! 부터 까지	(12) 퇴직사유	[ ]정년퇴직　[ ]정리해고　[●]자발적 퇴직 [ ]임원퇴직　[ ]중간정산　[ ]기 타

퇴직 급여 현황	근 무 처 구 분		중간지급 등	최종	정산
	(13) 근무처명				
	(14) 사업자등록번호				
	(15) 퇴직급여			–	–
	(16) 비과세 퇴직급여		–	–	–
	(17) 과세대상 퇴직급여(15-16)		–	–	–

근속 연수	구 분	(18)입사일	(19)기산일	(20)퇴사일	(21)지급일	(22)근속월수	(23)제외월수	(24)가산월수	(25)중복월수	(26)근속연수
	중간지급 근속연수					–	–	–		
	최종 근속연수					–	–	–		
	정산 근속연수					–	–	–		

과세 표준 계산	계 산 내 용	금 액
	(27)퇴직소득(17)	–
	(28)근속연수공제	–
	(29) 환산급여 [(27-28) × 12배 /정산근속연수]	–
	(30) 환산급여별공제	–
	(31) 퇴직소득과세표준(29-30)	–

퇴직 소득 세액 계산	계 산 내 용	금 액
	(32) 환산산출세액(31 × 세율)	–
	(33) 퇴직소득 산출세액(32 × 정산근속연수 / 12배)	–
	(34) 세액공제	–
	(35) 기납부(또는 기과세이연) 세액	–
	(36) 신고대상세액(33 - 34 - 35)	–

이연 퇴직 소득 세액 계산	(37) 신고대상세액(36)	연금계좌 입금명세					(39) 퇴직급여(17)	(40) 이연 퇴직소득세 (37 × 38 / 39)
		연금계좌취급자	사업자등록번호	계좌번호	입금일	(38)계좌입금금액		
	–					–	–	–
		(41)합　계				–		

납부 명세	구　분	소득세	지방소득세	농어촌특별세	계
세	(42) 신고대상세액(36)	–	–		–
	(43) 이연퇴직소득세(40)	–	–		–
	(44) 차감원천징수세액(42-43)	–	–	–	–

위의 원천징수세액(퇴직소득)을 정히 영수(지급)합니다.

　　　　　　　　　　　　　　　　　　　　　　년　　월　　일

징수(보고)의무자　　　　　　　　　　　　　(서명 또는 인)

세무서장　　귀하

세액 계산을 위해서 다운로드한 엑셀 파일에 몇 가지 기본적인 사항만 기입하면 자동으로 계산되어 나옵니다. 하기 내용을 참고하여 자신의 퇴직소득세를 확인해 보시기 바랍니다.

[기본사항 등 입력 시트]

3.퇴직금 지급(영수)내역

근무처 구분	입사일	기산일 ※ 필수입력	퇴사일 ※ 필수입력	지급일 ※ 필수입력	제외월수	가산월수
최종						
중간지급 등						

※ 날짜 입력시 "yyyy-mm-dd"의 형식으로 입력

- **입사일**: 1995-01-01과 같은 형식으로 입사일을 기입합니다.
- **기산일**: 중간정산을 받지 않았다면 입사일과 동일합니다. 중간정산을 받았다면 [중간지급 등] 행의 기산일에는 중간정산을 지급받은 다음 날을 기입합니다.
- **퇴사일**: 중간정산을 받지 않았다면 퇴사일과 동일합니다. 중간정산을 받았다면 [중간지급 등] 행의 퇴사일에는 중간정산일을 기입합니다.
- **퇴직급여**: 중간정산을 받지 않았다면 [최종]에 퇴직급여 총액(법정 퇴직금 + 퇴직 위로금)을 기입합니다. 중간정산을 받았다면 [중간지급 등]에 중간지급 받은 퇴직급여와 기납부세액을 기입합니다.

근무처 구분	퇴직급여 ※ 필수입력	비과세 퇴직급여	기납부세액	세액공제
최종				
중간지급 등				

※ 중간지급 등의 기산일과 퇴사일을 기재하면 반드시 퇴직급여를 입력하여야 합니다.

[기본사항 등 입력 시트: 작성 샘플]

- 입사일: 1995-01-01
- 퇴직금 중간정산일: 2000-12-31
- 퇴사일: 2024-04-30
- 중간정산 퇴직금: 50,000,000원
- 중간정산 때 납부한 세액: 1,500,000원

- 법정 퇴직금: 150,000,000원
- 희망퇴직 위로금: 200,000,000원

3.퇴직금 지급(영수)내역

근무처 구분	입사일	기산일 ※ 필수입력	퇴사일 ※ 필수입력	지급일 ※ 필수입력	제외월수	가산월수
최종	1995-01-01	2001-01-01	2024-04-30			
중간지급 등		1995-01-01	2000-12-31			

근무처 구분	퇴직급여 ※ 필수입력	비과세 퇴직급여	기납부세액	세액공제
최종	350,000,000			
중간지급 등	50,000,000		1,500,000	

※ 중간지급 등의 기산일과 퇴사일을 기재하면 반드시 퇴직급여를 입력하여야 합니다.

[퇴직소득원천징수영수증 시트: 계산 결과 확인]

　기본 사항을 입력한 뒤 퇴직소득원천징수영수증 시트에 세액이 자동으로 계산되어 나옵니다.

구분	소득세	지방소득세	농어촌특별세	계
(42) 신고대상세액(36)	17,940,005	1,794,000		19,734,005
(43) 이연퇴직소득세(40)	-	-		-
(44) 차감원천징수세액(42-43)	17,940,000	1,794,000	-	19,734,000

③ 법정 퇴직금

　법정 퇴직금은 근로자가 퇴직 후 새로운 일자리를 찾거나 생활비를 충당할 수 있도록 경제적 안정을 유지하기 위해 운영되고 있습니다. 법정 퇴직금은 계속된 근무기간이 1년 이상인 근로자가 퇴직할 때 지급되며, 1년 미만의 경우에는 지급되지 않습니다. 퇴직금은 근로기준법과 근로자 퇴직급여 보장법에 의해 법적으로 보장된 금액으로 퇴직으로 고용이 종료될 때 또는 중간정산 사유가 발생할 때 지급됩니다.

관련된 근로기준법은 다음과 같습니다.

근로기준법 제36조(금품 청산)

사용자는 근로자가 사망 또는 퇴직한 경우에는 그 지급 사유가 발생한 때부터 14일 이내에 임금, 보상금, 그 밖에 일체의 금품을 지급하여야 한다. 다만, 특별한 사정이 있을 경우에는 당사자 사이의 합의에 의하여 기일을 연장할 수 있다.

근로기준법 제109조(벌칙)

① 제36조를 위반한 자는 3년 이하의 징역 또는 3천만원 이하의 벌금에 처한다.

② 제36조를 위반한 자에 대하여는 피해자의 명시적인 의사와 다르게 공소를 제기할 수 없다.

관련된 근로자 퇴직급여 보장법은 다음과 같습니다.

근로자퇴직급여 보장법 제8조(퇴직금제도의 설정 등)

① 법정 퇴직금을 지급하기 위해 사용자는 계속근로기간 1년에 대하여 30일분 이상의 평균임금을 퇴직금으로 지급할 수 있는 제도를 설정하여야 한다.

근로자퇴직급여 보장법 제9조(퇴직금의 지급 등)

① 사용자는 근로자가 퇴직한 경우에는 그 지급사유가 발생한 날부티 14일 이내에 퇴직금을 지급하여야 한다. 다만, 특별한 사정이 있는 경우에는 당사자 간의 합의에 따라 지급기일을 연장할 수 있다.

근로자퇴직급여 보장법 제44조(벌칙)

다음 각 호의 어느 하나에 해당하는 자는 3년 이하의 징역 또는 2천만원 이하의 벌금에 처한다. 다만, 제1호 및 제2호의 경우 피해자의 명시적인 의사에 반하여 공소를 제기할 수 없다.

1. 제9조를 위반하여 퇴직금을 지급하지 아니한 자

퇴직금 계산 공식은 다음과 같습니다.

퇴직금 = 1일 평균임금 X 30(일) X (재직일수/365)

4 평균임금과 법정 퇴직금 계산

평균임금은 실제로 제공된 근로에 대하여 실제로 지급받은 임금의 1일 평균치를 말하는 것으로 퇴직금, 휴업수당, 업무상 재해에 따른 재해보상금 등을 계산할 때 기준으로 이용하는 임금 개념입니다. 근로자와 사용자 간의 해석 차이가 발생할 수 있으므로 정확한 계산이 필요합니다.

평균임금이 통상임금보다 낮은 금액일 경우[18], 근로기준법에 따라 통상임금을 평균임금으로 사용하게 되며, 최저 수준의 통상임금액을 보장하게 됩니다. 이를 통해 근로자는 통상적인 생활임금을 고려하면서도 퇴직금 등을 공정하게 계산할 수 있게 됩니다.

근로기준법 제2조(정의) 제1항의 제6호
"평균임금"이란 이를 산정하여야 할 사유가 발생한 날 이전 3개월 동안에 그 근로자에게 지급된 임금의 총액을 그 기간의 총일수로 나눈 금액을 말한다. 근로자가 취업한 후 3개월 미만인 경우도 이에 준한다.

근로기준법 제2조(정의) 제2항
제1항 제6호에 따라 산출된 금액이 그 근로자의 통상임금보다 적으면 그 통상임금액을 평균임금으로 한다.

---

18 평균임금이 통상임금보다 낮은 경우: 일반적으로 평균임금이 통상임금보다 높게 계산된다. 그렇지만, 근로자가 퇴직 전에 개인적인 사유로 휴직한 경우(질병, 학업 등) 또는 이와 유사한 사유로 근로자가 출근하지 못한 경우, 월 급여 항목 구성이 직책 수당 등 각종 수당, 야간근로 등 가산 수당이 없는 경우, 토요일이 무급휴일인 경우 등에 발생할 수 있다.

평균임금은 다음과 같이 계산됩니다.

> 평균임금 = 임금총액 / 3개월 총 일수
> 임금총액 = 사유 발생일 이전 3개월간 지급된 임금 총액
> 3개월 총 일수 = 사유 발생일 이전 3개월간 총 일수

임금총액은 사유 발생일 이전 3개월간 지급된 임금의 총액으로 월급여 총액, 연간 지급된 상여금의 1/4, 연간 지급된 연차수당의 1/4 등을 포함합니다. 3개월 총 일수는 사유 발생일 이전 3개월간의 총 일수를 계산합니다. 예를 들어, 9월 30일 퇴직한 경우 7월 (31일) + 8월 (31일) + 9월 (30일) = 92일이 됩니다.

평균임금 중 임금총액을 계산할 때 가장 논란이 많은 것이 수당입니다. 평균임금에 포함되는 수당은 연장근로수당, 휴일근로수당, 야간근로수당, 교통비, 식비, 상여금, 미사용연차수당, 직책수당 등입니다. 취업규칙이나 단체협약에 의해 사용자의 지급의무가 지워 있고, 일정한 요건에 해당되는 근로자에게 일률적으로 지급되는 금품도 수당에 포함되며, 가족수당, 체력단련비, 명절휴가비 등이 이에 해당됩니다.

미사용연차수당의 경우 퇴직 당해 연도에 미사용한 연차수당은 평균임금에 포함되지 않으며, 퇴직 전전 연도의 근로를 기준으로 전년도에 발생한 연차수당 중 미사용연차수당은 평균임금에 포함됩니다. 연차휴가 사용 촉진제도[19]를 활용하는 기업이라면 매년 연차 사용 유무에 관계없이 연말에 연차가 '0'이 되므로 평균임금에 산입되는 미사용연차수당은 없게 됩니다. 노동조합이나 근로자대표가 연차휴가 사용 촉진제도에 동의할 경우에는 평균임금이 낮아질 수 있다는 것을 알고 조건부로 동의를 해야 할 것입니다.

---

19 연차휴가 사용 촉진제도: 사용자가 근로기준법 제61조 제2항에 근거하여 법이 정해 놓은 절차에 따라 연차휴가 사용 촉진을 했는데도, 근로자가 휴가를 사용하지 않아 연차휴가가 소멸된 경우에는 그 미사용 연차휴가에 대한 금전 보상 의무를 면제하는 제도이다.

- 입사일자 : 2014년 10월 2일
- 퇴사일자 : 2017년 9월 16일
- 재직일수 : 1,080일 (퇴사일자 - 입사일자)
- 월기본급 : 2,000,000원
- 월기타수당 : 360,000원
- 연간 상여금 : 4,000,000원, 연차수당* 지급 기준액 : 60,000원
- 전년도 미사용 휴가: 5일

*연차수당은 퇴직 전전 연도(2015년)에 발생한 휴가 중 퇴직 전년도(2016년)에 미사용한 휴가 일수분의 합계

가. 퇴직 전 3개월간 임금총액(세전금액)

기간	기간별일수	기본급	기타수당
2017.6.16 ~ 2017.6.30	15일	1,000,000원	180,000원
2017.7.1 ~ 2017.7.31	31일	2,000,000원	360,000원
2017.8.1 ~ 2017.8.31	31일	2,000,000원	360,000원
2017.9.1 ~ 2017.9.15	15일	1,000,000원	180,000원
합계	92일	6,000,000원	1,080,000원

나. 평균임금의 산정 연간 상여금

총액 : 4,000,000원

연차수당 : 300,000원 (60,000원 × 5일)

A. 3개월간 임금총액:

　7,080,000원 = 6,000,000원(기본급 × 3)+1,080,000원(수당 × 3)

B. 상여금 가산액:

　1,000,000원 = 4,000,000원 × (3개월/12개월)

C. 연차수당 가산액:

　75,000원 = (60,000원 × 5일) × (3개월/12개월)

　1일 평균임금 = 퇴직일 이전 3개월간에 지급받은 임금총액

　　　　　　　　(A+B+C)/퇴직일 이전 3개월간의 총 일수

88,641원 = (7,080,000원 + 1,000,000원 + 75,000원)/92

다. 퇴직금 = 1일 평균임금 × 30(일) × (재직일수/365)

7,868,434원 = 88,641.31원 × 30 × (1080/365)

5 희망퇴직 위로금의 계산

일반적으로 희망퇴직 위로금을 산정할 때는 과거 지급했던 위로금이 검토의 기준점이 됩니다. 그룹사의 경우는 계열사별 유사한 수준에서 위로금 등 보상 수준을 검토하게 되는데, 계열사별로 보상 수준의 차이가 크게 나면 내부 갈등이 커지기 때문입니다. 그렇지만, 실제 위로금의 기준을 정할 때에는 경영실적이 가장 크게 영향을 미칩니다. 과거보다 더 많은 위로금을 책정할 수도 있고, 더 적은 위로금을 책정할 수도 있습니다. 또한, 경영실적이 안 좋으면 계열사 간 갈등, 내부 불만이 커지더라도 차별적으로 기준을 정하기도 합니다.

이렇게 결정된 희망퇴직의 위로금은 퇴직소득으로 간주하여 퇴직소득세를 적용하게 되지만, 위로금의 지급이 취업규칙, 노사합의 등에 따라 지급되는 퇴직 위로금이 아니라면 퇴직소득으로 인정받을 수 없는 경우도 있습니다. 근로소득으로 간주되면 근로소득세의 높은 세율을 적용받게 됩니다.

희망퇴직은 일반적으로 기본급의 00개월, 급여의 00개월, 통상임금의 00개월, 0년치 연봉 등으로 공지되며, 이에 따라 위로금이 계산됩니다. 기본급, 급여, 통상임금, 평균임금, 연봉 등 용어에 따라 희망퇴직 위로금의 금액도 다르게 계산됩니다.

- **기본급**

  근로자가 일한 시간에 대해 고정적으로 지급되는 금액으로 각종 수당을 제외한 임금입니다. 직책수당, 연장근로수당, 휴일근로수당, 야간근로수당, 교통비, 식비, 상여금,

미사용연차수당 등 평균임금을 계산할 때에는 산입되는 수당을 제외한 임금입니다. 기본연봉은 기본급 x 12, 기본급 x 18, 기본급 x 20 등으로 회사마다 다르게 계산되므로 단순히 기본급 12개월치가 1년 연봉이라고 생각해서는 안 됩니다. 기대 대비 희망퇴직 위로금의 차이가 크게 날 수 있으므로 자신의 기본급을 확인해야 합니다.

- 급여

근로의 대가로 사용자가 근로자에게 정기적으로 지급하는 임금으로 각종 수당을 포함합니다. 그렇지만, 희망퇴직 위로금 지급 기준에 '00개월치 급여'로 표기되어 있을 경우 급여의 구성 항목을 확인해야 합니다.

- 통상임금

근로자에게 정기적이고 일률적으로 소정 근로 또는 총 근로에 대하여 지급하기로 정한 시간급 금액, 일급 금액, 주급 금액, 월급 금액 또는 도급 금액(근로기준법 시행령 제6조)으로 기본급, 정기상여금, 고정 수당을 포함합니다.

- 평균임금

산정 사유가 발생한 날 이전 3개월 동안 근로자에게 지급된 총 임금을 그 기간의 총 일수로 나눈 금액(근로기준법 제2조 제1항 제6호)으로 기본급, 상여금, 수당, 성과급 등을 포함합니다. 평균임금이 통상임금보다 적으면 통상임금을 평균임금이라고 합니다(근로기준법 제2조 제2항).

- 기본연봉

수당이 포함되지 않은 기본급을 기준으로 1년간 지급하기로 계약한 연봉입니다.

- 연봉

기본연봉에 더해 상여금, 성과급, 시간외 근로 수당, 직책수당, 기타수당 등을 포함하여 1년 동안 받는 총 임금입니다. 그렇지만, 희망퇴직 위로금 지급 기준에 '00년치 연봉'으로 표기되어 있을 경우 연봉의 구성 항목을 확인해야 합니다.

희망퇴직 위로금이 기본급의 36개월치로 발표될 경우에 근로자들은 그동안 지급받아왔던 3년치 연봉으로 생각해서 큰 금액이라고 생각할 수 있습니다. 그렇지만, 각종 수당이 제외되기 때문에 임금에서 수당이 차지하는 비중이 높은 영업직, 기능직 등의 경우는 실제 수령액이 그렇게 많지 않을 수 있습니다.

수당이 거의 없거나 비중이 적은 일반 사무직 근로자의 경우에는 3년치의 연봉에 준하는 수준이 될 수 있습니다. 또한, 기본급을 계산할 때 기본 연봉을 12로 나눈 것이 아니라 20으로 나눈 것이라면 매월 받는 급여 대비하여 매우 적은 금액이 계산되므로 반드시 자신의 기본급을 확인해야 합니다.

또한, 연봉의 3년치라고 발표될 경우에도 근로자들은 그동안 매년 지급받아 왔던 전체 금액으로 생각해서 큰 금액이라고 생각할 수 있습니다. 회사에서 희망퇴직 위로금을 발표할 때 연봉에 포함된 세부 항목을 확인해야 본인의 희망퇴직 위로금이 얼마가 되는지를 정확하게 계산할 수 있습니다. 실제 확인해 보면 수당이 제외된 기본 연봉인 경우도 있습니다. 포괄임금제 또는 고정OT를 적용하고 있는 회사라면 연장수당이 희망퇴직 위로금을 계산하는 연봉에 포함되어 있는지 여부에 따라 금액 차이가 크게 나올 수도 있습니다.

만약 이러한 계산이 어렵거나 애매할 경우에는 혼자서 '이 정도는 되겠지' 하고 속단해서는 안 되며, 인사팀에 문의하여 정확한 정보를 기반으로 희망퇴직을 결정해야 할 것입니다.

희망퇴직과
실업급여, 의료보험, 국민연금

1 ◆ 실업급여 수령
2 ◆ 의료보험 임의계속가입 제도
3 ◆ 국민연금 실업크레딧 제도, 납부예외 제도

제10장
희망퇴직과 실업급여, 의료보험, 국민연금

1 실업급여 수령

1 실업급여 제도

실업급여는 고용보험제도에 속한 중요한 복지 혜택 중 하나로, 갑작스러운 실직 상태에 놓인 근로자에게 일정 기간 동안 생활안정과 구직활동을 촉진하기 위해 최소한의 경제적 지원을 제공하는 제도입니다.

이는 근로자의 기본적인 생활을 보장하고, 경제적인 어려움으로 인해 발생할 수 있는 사회적 불안정을 예방하는 데 중요한 역할을 합니다. 실업급여는 단순한 경제적 지원을 넘어, 근로자의 재취업을 촉진하고, 노동시장의 유연성을 높이는 데 기여합니다. 특히, 실업급여는 고용 불안정이 증가하는 현대 사회에서 근로자의 생활 안정과 노동시장의 원활한 운영을 위해 필수적인 제도입니다.

고용24(https://www.work24.go.kr/)와 찾기 쉬운 생활법령정보(https://easylaw.go.kr/)에서 실업급여와 관련된 제반 정보를 확인할 수 있습니다.

2 희망퇴직과 실업급여

자발적 퇴직자는 실업급여의 대상이 아니지만, 회사의 경영사정으로 인해 실시하는 희망퇴직에 참여하는 경우는 실업급여의 대상이 됩니다.

(고용보험법 시행규칙 별표2)

5. 다음 각 목의 어느 하나에 해당하는 사정으로 사업주로부터 퇴직을 권고받거나, 인원 감축이 불가피하여 고용조정계획에 따라 실시하는 퇴직 희망자의 모집으로 이직하는 경우

    가. 사업의 양도·인수·합병

    나. 일부 사업의 폐지나 업종전환

    다. 직제개편에 따른 조직의 폐지·축소

    라. 신기술의 도입, 기술혁신 등에 따른 작업형태의 변경

    마. 경영의 악화, 인사 적체, 그 밖에 이에 준하는 사유가 발생한 경우

'실업'이란 근로의 의사와 능력이 있음에도 불구하고 취업하지 못한 상태에 있는 것을 말하며(고용보험법 제2조 제3호), 실업급여의 대상이 되지 않는 경우는 '중대한 귀책사유로 해고된 피보험자(고용보험법 제58조 제1호)'와 '자기사정으로 이직한 피보험자'입니다.

자기사정으로 이직한 피보험자는 자발적 퇴직자를 의미합니다. 자발적 퇴직자라도 '근로의 의사와 능력이 있음에도 불구하고 취업(영리를 목적으로 사업을 영위하는 경우를 포함)하지 못한 상태에 있는 퇴직자'는 실업급여의 대상이 됩니다.

희망퇴직자가 실업급여를 청구하여 수급 받기 위해서는 '회사의 경영사정으로 인해 실시하는 희망퇴직에 참여하였다는 것'을 퇴직원에 퇴직사유로 기재해야 하며, 또한 구직활동을 통해 근로의 의사가 있고, 근로할 능력이 있음을 보여 주면 됩니다.

그림 10-1 　구직급여 신청 대상자와 신청 제한자

신청 대상	신청 제한
✔ 상용근로자로 근로 후 이직한 자	✔ 구직신청 및 수급자격신청 온라인 교육 미완료
✔ 이직사유가 폐업·도산, 경영상 필요, 정년, 계약만료 중 하나	✔ 사업자등록증 소지
✔ 피보험단위기간이 180일 이상	✔ 생계급여 수급자
✔ 이직일 기준 만 65세 미만인 자	✔ 산재휴업급여 수급(예정)자
✔ 상실신고서, 이직확인서가 모두 처리된 사람	✔ 부당해고 구제신청자
	✔ 취업불가자

출처: 고용노동부

희망퇴직자가 실업급여를 받는 데 있어서 주의해야 할 사항은 사업자등록증을 내고 개인 사업을 하는 경우입니다. '영리를 목적으로 사업을 영위하는 경우'는 취업한 것으로 간주됩니다.

회사에서 근로를 하면서 개인사업자로 등록되어 있는 경우에는 희망퇴직을 하더라도 이미 취업한 것으로 간주되므로 실업급여의 대상이 되지 않습니다. 단, 부동산 임대업으로 개인사업자를 낸 경우에는 실업급여의 대상이 됩니다.

- 개인사업자: 실업급여의 대상이 안 됨
- 부동산 임대업 개인사업자: 실업급여의 대상이 됨

실업급여를 받고자 하는 근로자가 개인사업자(부동산 임대업 제외)로 등록한 경우에는 폐업 또는 휴업을 해야 실업급여를 청구할 수 있습니다.

3 실업급여의 지원 내용

실업급여는 크게 구직급여와 취업촉진수당으로 나뉩니다. 구직급여는 실직 상태에서 기본적인 생계를 유지하기 위한 지원금이며, 취업촉진수당은 재취업을 촉진하기 위한 추가적인 지원금입니다. 이외에도 실업급여에는 연장급여와 상병급여가 있으며, 이 책에서는 구직급여와 취업촉진수당만 다루겠습니다.

그림 10-2   실업급여의 지원내용

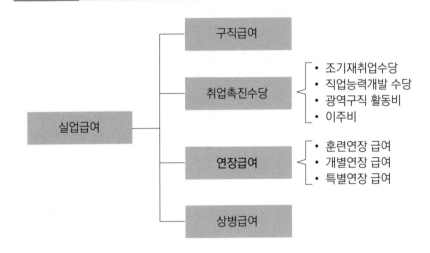

① **구직급여 계산**

• 구직급여액 = 구직급여일액 x 지급일수
• 구직급여일액 = 퇴직 전 평균임금의 60%
• 평균임금: 이직 전 마지막 3개월 동안 받은 총 급여를 근무 일수로 나눈 금액

　구직급여일액의 상한액과 하한액은 매년 고용노동부에서 정하는 기준에 따라 달라집니다. 예를 들어, 2024년 기준 구직급여일액의 상한액(하루 최대 금액)은 66,000원이며, 하한액은 최저임금의 80%보다 낮아지지 않습니다. 최저임금의 80% 하한액은 이직 전 1일 근로시간 8시간을 기준으로 '23년 61,568원입니다.

구직급여일액과 구직급여액 계산 예시

- 근로시간: 1일 근로시간 8시간
- 임금: 매월 250만원
- 근무기간: 10월 1일부터 12월 31일까지 근로하고 퇴직
- 구직급여일액: 61,568원

  ① 퇴직 전 3개월간 받은 임금 총액의 60%

  = 250만원 x 3개월 x 60%

  = 450만원

  ② 3개월 총일수 = 92일(31일 + 30일 + 31일)

  → 구직급여일액은 퇴직 전 평균임금의 60%이므로 ①/②로 계산하여 48,910원이지만, 하한액인 61,568원보다 낮으므로 구직급여일액은 61,568원이 됩니다.
- 구직급여액: 61,568원 x 고용보험 가입 기간에 따른 지급일수

고용보험 가입 기간에 따라 120~270일의 구직급여액이 지급됩니다.

표 10-1 **고용보험 가입 기간에 따른 구직급여 지급일수**

가입 기간	50세 미만	50세 이상 또는 장애인
1년 미만	120	120
1년 이상 3년 미만	150	180
3년 이상 5년 미만	180	210
5년 이상 10년 미만	210	240
10년 이상	240	270

고용보험 가입 기간은 회사를 옮기더라도 누적되어 늘어나지만, 구직급여를 받았다면 구직급여 수급 이전 기간은 제외됩니다.

표 10-2 고용보험 가입 기간에 따른 구직급여 하한액과 상한액

가입 기간	50세 미만		50세 이상 또는 장애인	
	구직급여 하한액	구직급여 상한액	구직급여 하한액	구직급여 상한액
1년 미만	7,388,160	7,920,000	7,388,160	7,920,000
1년 이상 3년 미만	9,235,200	9,900,000	11,082,240	11,880,000
3년 이상 5년 미만	11,082,240	11,880,000	12,929,280	13,860,000
5년 이상 10년 미만	12,929,280	13,860,000	14,776,320	15,840,000
10년 이상	14,776,320	15,840,000	16,623,360	17,820,000

② 취업촉진수당

조기재취업수당 소정급여일수의 1/2 이상을 남겨두고 재취업 또는 창업하여 12개월 이상 계속 고용되거나 사업을 영위한 수급자에게 지급되는 수당으로서 재취업 또는 창업한 날을 기준으로 남아있는 소정급여일수의 1/2을 지급합니다. 구직급여를 받는 기간 중에 취업을 하거나 개인사업자로 등록하는 경우에는 취업촉진수당을 받을 수 있습니다.

그림 10-3　취업촉진수당

실업의 신고일로부터 14일이 지난 구직급여 수급자가
(24.11 이후 수급자격 신청자 해당)

✓ 본인의 소정급여일수를 절반 이상 남겨두고 취업 또는 사업을 개시하여

✓ 12개월 이상 계속 고용되거나 사업을 영위했다면

* 이직일 당시 65세 이상 수급자: 6개월 이상 계속 고용되거나 사업을 영위할 것으로 고용노동부 장관이 인정하는 경우 다른 수급요건 충족 시 선지급 가능 (24.1.1. 이후 수급자격 신청자 해당)

"조기재취업수당 신청"

출처: 고용노동부

그렇지만, 본인 판단하에 개인사업자를 낸 후 고용센터에 취업촉진수당을 청구하면, 취업촉진수당을 받지 못하는 상황이 발생할 수 있습니다. 고용센터 담당자와 사전에 상담을 한 후 안내를 받아서 개인사업자로 등록해야 불이익을 당하지 않게 됩니다.

그림 10-4 취업촉진수당 지급 제외

조기재취업수당 지급 제외

01 실업의 신고일 (수급자격 신청일) 로부터 14일 이내에 재취업한 경우	02 최종 이직 사업장 (동일 사업주)에 재취업한 경우
03 최종 이직 사업주와 관련 사업주(합병, 분할, 양수양도 등)에 재취업한 경우	04 실업의 신고일 이전에 채용 약속한 사업주에 고용된 경우
05 자영업 등 준비활동으로 1회 이상 실업인정을 받지 않고 사업을 개시한 경우	06 2년 이내 조기재취업수당을 지급받은 사실이 있는 경우
07 소정급여일수 ½ 경과 후 재취업한 경우	08 12개월간 계속하여 고용되거나 사업을 영위하지 않은 경우
09 고용노동부 장관이 고시한 고임금액 직장에 취직한 경우 (24년 고시 임금액: 5,740,000원)	10 국가공무원법 및 지방공무원법에 따른 공무원으로 임용된 경우

'24.1.1. 이후 수급자격 신청자만 해당

출처: 고용노동부

조기재취업 수당 청구서

※ 색상이 어두운 난은 적지 않습니다. [ ]에는 해당되는 곳에 √표를 합니다.
※ 뒤쪽의 작성방법을 읽고 작성하기 바랍니다.　　　　　　　　　　　　　　　　　　　　　　(앞쪽)

접수번호		접수일자		처리기간 : 14일
청구인 (수급자격자)	① 성명		② 주민등록번호	
	③ 주소			
			(전화번호 : 　　　　휴대전화번호 : 　　　　　)	
취직 사업장 (사업에 고용된 경우)	④ 사업장명		⑤ 대표자 성명	
	⑥ 소재지			(전화번호 : 　　　　　)
	⑦ 취직일	⑧ 취직 확정을 통보받은 날		⑨ 월평균 임금액　　　　원
	⑩ 구직급여 수급 직전 최종 이직 사업장명	⑪ 구직급여 수급 직전 최종 이직 사업장과 재취 직한 사업장 사업주의 관계	[ ] 영업을 양도·양수한 사업주에게 재취직 [ ] 사업을 인수한 사업주에게 재취직 [ ] 합병·분할된 사업장에 재취직 [ ] 해당 없음	
자영업 사업장 (자영업을 하는 경우)	⑫ 사업장명		⑬ 대표자 성명	
	⑭ 소재지			(전화번호 : 　　　　　)
	⑮ 사업 시작일		⑯ 사업자등록번호	
	⑰ 업종			
지급계좌	계좌번호 : 　　　　　은행명 : 　　　　　예금주 :			

「고용보험법 시행령」 제86조제1항·제2항 및 「고용보험법 시행규칙」 제109조에 따라 위와 같이 청구합니다.

　　　　　　　　　　　　　　　　　　　　　　　　　　　년　　　　　월　　　　　일

　　　　　　　　　　　　　　청구인　　　　　　　　　　　　　　　(서명 또는 인)

　　○○지방고용노동청(○○지청)장　귀하

청구인 제출서류	다음 각 호의 구분에 따른 서류 1. 수급자격자가 12개월 이상 계속하여 사업에 고용된 경우: 다음 각 목의 서류. 다만, 고용노동부장관이 설치·운영하는 정보통신망을 통해 고용기간이나 임금의 증명이 가능한 경우에는 해당 서류를 첨부하지 않을 수 있습니다. 　가. 근로계약서 또는 재직증명서 등 고용기간을 증명하는 서류 　나. 임금명세서 등 임금을 확인할 수 있는 서류 2. 수급자격자가 이직일 당시 65세 이상인 사람(65세 전부터 65세가 될 때까지 피보험자격을 유지한 사람만 해당합니다. 이하 같습니다)으로서 6개월 이상 계속하여 사업에 고용될 것으로 고용노동부장관이 정하는 바에 따라 직업안정기관의 장의 인정을 받으려는 경우: 근로계약서 등 6개월 이상 계속하여 사업에 고용될 것을 증명하는 서류 3. 수급자격자가 12개월 이상 계속하여 사업을 영위한 경우: 다음 각 목의 서류 　가. 사업계획서 　나. 사무실 임대차계약서 또는 과세증명자료 등 사업을 실질적으로 하고 있음을 증명하는 서류 4. 수급자격자가 이직일 당시 65세 이상인 사람으로서 6개월 이상 계속하여 사업을 영위할 것으로 고용노동부장관이 정하는 바에 따라 직업안정기관의 장의 인정을 받으려는 경우: 다음 각 목의 서류 　가. 사업계획서 　나. 사무실 임대차계약서 등 6개월 이상 계속하여 사업을 영위할 것을 증명하는 서류	수수료 없음
담당 공무원 확인 사항	사업자등록증명(자영업을 하는 경우만 해당하며, 주민등록번호는 확인사항에서 제외됩니다)	

행정정보 공동이용 동의서

본인은 이 건의 업무처리와 관련하여 담당 공무원이 「전자정부법」 제36조제1항에 따른 행정정보의 공동이용을 통하여 위의 담당 공무원 확인 사항을 확인하는 것에 동의합니다.
※ 다만, 동의하지 않는 경우에는 청구인이 직접 사업자등록증명 사본을 제출해야 합니다.

　　　　　　　　　　　　　　청구인　　　　　　　　　　　　　　　(서명 또는 인)

③ 직업능력개발수당

　고용복지센터장이 수급자격자에게 직업능력개발훈련 등을 지시한 경우에 지급하는 수당입니다. 직업능력개발수당은 교통비, 식비 등 직업능력개발훈련에 필요한 금액을 고려하여 고용노동부장관이 결정하여 고시합니다. 현재 고시 금액은 직업능력개발훈련을 받는 날 1일 기준으로 7,530원입니다.

④ 광역구직활동비

수급자격자가 고용복지센터의 소개로 광범위한 지역에 걸쳐 구직활동을 하는 경우에 지급하는 수당으로서 고용복지센터장이 필요하다고 인정하는 경우에 교통비 및 숙박료를 지급합니다.

⑤ 이주비

수급자격자가 취업하거나 고용복지센터장이 지시한 직업능력개발훈련 등을 받기 위해 주거를 이전하는 경우에 지급하는 수당입니다.

2 의료보험과 임의계속가입 제도

① 건강보험료를 몇 살까지 내어야 하는가?

퇴직을 하면 건강보험료 납부가 상당히 큰 부담으로 돌아옵니다. 국민연금처럼 정년 이후에는 건강보험료를 면제받으면 좋겠지만, 평생 동안 납부해야 하는 보험료입니다. 건강보험제도는 사회보장제도이므로 대한민국 국민이라면 누구나 의무 가입 대상이며, 살아 있는 동안은 평생 납부해야 합니다.

국민건강보험공단은 의료보험가입 및 보험료 납부의 의무에 대해 "보험가입을 기피할 수 있도록 제도화될 경우 질병 위험이 큰 사람만 보험에 가입하여 국민 상호 간 위험 분담 및 의료비 공동 해결이라는 건강보험제도의 목적을 실현할 수 없기 때문에 일정한 법적 요건이 충족되면 본인의 의사와 관계없이 건강보험가입이 강제되며 보험료 납부의무가 부여됩니다."라고 설명하고 있습니다.

연간 500만원 이상의 건강보험료를 1년 이상 내지 않으면 '금융채무 불이행자'로 등록되어 금융거래에서 불이익을 받게 됩니다. 건강보험료를 내지 않으면 신용불량자가 된다는 의미입니다. 건강보험 지역 가입자에게는 세대 단위로

보험료를 부과하기 때문에 세대 구성원 전원에게 보험료 연대 납부 의무가 있습니다. 지역 가입자인 부모가 건강보험료를 체납하면 자녀가 연대납부의무를 지게 되어, 독촉장, 월급통장 압류, 의료급여 제한 등 조치를 받을 수 있습니다.

2 직장 가입자의 의료보험

건강보험료는 가입 방식에 따라 직장 가입자와 지역 가입자로 나눌 수 있습니다. 퇴직자가 직장을 구하거나 가족 구성원의 피부양자가 된다면 다시 직장 가입자가 되며, 직장 가입자가 아닌 경우에는 지역 가입자가 됩니다.

> 2024년 기준 직장 가입자 건강보험료 산정 기준
> 보수월액 x 건강보험료율

보수월액은 동일 사업장에서 당해 연도에 지급받은 보수총액을 근무 월수로 나눈 금액이며, 건강보험료율은 2024년 7.09%입니다.

표 10-3 보험료 부담비율

구분	계	가입자 부담	사용자 부담	국가 부담
근로자	7.09%	3.545%	3.545%	
공무원	7.09%	3.545%		3.545%
사립학교교원	7.09%	3.545%	2.127%	1.418%

출처: 국민건강보험공단

3 지역 가입자와 임의 가입자의 의료보험

지역 가입자의 건강보험료는 그동안 지역 가입자의 소득, 재산(전월세 포함), 자동차[20] 등을 기준으로 사전에 정해 둔 점수를 합산하여 보험료 부과 점수를 계산한 후 점수당 금액(205.3원)을 곱해 보험료를 산정했습니다.

---

20 차량잔존가액 4천만원 이상인 승용자동차만 부과.

직장 가입자는 보수와 보수 외 소득을 합친 소득에 보험료를 부과하지만, 지역 가입자는 '소득+재산+자동차'에 부과해 왔기 때문에 부과체계의 형평성 문제가 있었습니다. 24년 2월부터 지역 가입자 재산보험료의 기본공제를 현행 '5천만원'에서 '1억원'으로 확대하여 보험료 부담을 완화했으며, 자동차에 부과되는 건강보험료를 폐지했습니다.

지역 가입자가 되면 직장 가입자보다 많은 건강보험료를 지급해야 하는 경우가 있으므로 이때에는 임의계속가입 제도를 활용할 수 있습니다. 건강보험 임의가입 제도는 실업자에 대한 건강보험료의 경제적 부담을 완화하기 위해 운영하고 있는 제도입니다. 임의계속가입자는 보험료액의 50%를 감면받을 수 있기 때문에 건강보험공단을 방문하여 지역 가입자와 임의계속가입자 중 어느 쪽이 보험료를 더 적게 납부할 수 있는지 확인한 후 선택할 수 있습니다.

임의계속가입은 퇴직 전 18개월간 직장 가입자의 자격을 유지한 기간이 통산 1년 이상인 사람만 신청 가능합니다. 재취업한 경우에도 최종 사용 관계가 끝난 날을 기준으로 18개월 동안 통산 1년 이상 직장 가입자 자격을 유지한 사람은 임의계속 재가입이 가능합니다.

임의계속가입자는 퇴직 후 최초로 지역 가입자의 보험료 납부 고지를 받고 난 뒤, 납부기한에서 2개월이 지나기 전에 공단에 신청해야 합니다. 보험료는 퇴직 전 산정된 최근 12개월간의 보수월액을 평균한 금액이며, 퇴직일 다음 날부터 36개월간 적용 가능합니다.

③ 국민연금 실업크레딧 제도, 납부예외 제도

국민연금은 만 18세 이상 만 60세 미만 대한민국 국민이라면 의무가입 대상이며, 공무원연금 가입 등 특별한 경우에는 제외됩니다. 다니던 직장을 퇴사하게 되면 국민연금 가입 자격은 유지되지만, '사업장가입자'에서 '지역 가입자'로 가입 종류가 변경됩니다. 지역 가입자가 되면 가입 신고, 보험료 납부 등을 본인이 직접 해야 합니다.

국민연금 보험료율은 9%입니다. 사업장가입자는 회사 4.5%, 근로자 본인 4.5%를 납부하지만, 지역 가입자는 월 소득의 9% 전체를 본인이 납부해야 하므로 퇴사자에게는 큰 부담이 될 수 있습니다.

1 실업크레딧 제도

구직급여를 받고 있다면, "실업크레딧" 제도를 활용하여 국민연금 보험료를 낮출 수 있습니다. 구직급여를 받는 사람이 실업크레딧을 신청하면 국민연금 보험료의 75%를 국가가 대신 납부하게 되며, 실업 기간에도 연금 가입 기간을 인정받을 수 있으므로 연금 수령액을 증가시키는 데 유용한 제도입니다.

'실업크레딧' 신청기한은 구직급여 종료일이 속하는 다음 달 15일까지이며 1인당 생애 최대 12개월까지 연금보험료를 지원받을 수 있습니다.

실업크레딧 제도의 혜택과 신청 방법

연금 가입 기간 인정

: 실업 기간 동안의 국민연금 가입 기간이 인정됩니다.

보험료 지원

: 실업크레딧을 통해 국가가 국민연금 보험료의 75%를 지원하고, 본인은 25%를 부담합니다.

: 실업크레딧 인정소득 = 구직급여기초임금일액* x 30일 x 1/2

구직급여 수급자는 월 소득이 없으므로 '인정소득'을 보험료의 산정 기준으로 합니다.

실업크레딧 인정소득은 실직하기 직전 3개월간 평균소득의 50%, 최대 70만원입니다.

: 국민연금 보험료는 인정소득의 9%입니다.

개인은 보험료의 25% 납부하고, 국가가 75% 납부합니다.

신청 방법

: 구직급여 신청 시 고용센터에서 실업크레딧을 동시에 신청할 수 있습니다.

: 필요 서류–구직급여 수급자격 신청서, 신분증 등

다만, 저소득층을 위한 제도이므로 일정 수준 이상의 재산 보유자 및 고소득자에 대한 보험료 지원은 제한됩니다.

※ 재산 및 소득 제한기준(2024년 1월 현재)

[재산기준] 재산세 과세표준의 합이 6억원 초과 또는

[소득기준] 연간 종합소득(사업소득 및 근로소득 제외)이 1,680만원 초과

② 납부예외 제도

국민연금 납부예외는 가입자가 보험료를 납부할 수 없는 상황에 처했을 때, 보험료 납부를 일시적으로 중단하는 제도입니다. 연금보험료를 낼 수 없는 경우에는 납부예외 신청을 통해 연금보험료를 면제받을 수 있습니다. 국민연금 가입자 자격은 유지되며, 연금을 납부할 수 있는 여건이 되면 언제든 해지하고 납부 재개 신청을 통해 다시 납부할 수 있습니다. 그렇지만, 연금액 산정 시 납부예외기간은 국민연금 가입 기간에는 포함되지 않으므로 연금 수령액이 낮아질 수도 있습니다.

NPS 국민연금공단

납부예외란?

국민연금 의무가입대상인 사업장·지역가입자가
사업 중단, 실직, 휴직 등의 사유로 소득이 없어진 경우 신청 가능
소득이 없는 기간 동안 연금보험료를 내지 않아도 돼요!

납부예외 신청하기 전

알아두면 좋은 세 가지!

① 납부예외 신청이 가능한 사유인지 확인

② 납부예외 기간은 가입기간에 포함되지 않아, 나중에 받는 연금액에 영향을 줄 수 있어요.

③ 소득이 없어도 가입기간을 유지하고 싶다면, 지역가입자 혹은 임의가입자로 납부 가능해요!

chapter

11

고용노동부를 통한 분쟁 해결

제11장
고용노동부를 통한 분쟁 해결

1 법적 대응 절차 이해의 중요성

이 책은 노동청과 노동위원회, 민사소송 등을 통한 노동분쟁 해결 이전 단계에서 근로자에게 도움을 드리기 위해 기획하였습니다. 회사의 경영전략과 HR 전략, 구조조정 시 사측(회사, 인사팀, 상사 등)에서 노동문제 해결을 위해 어떻게 접근하는지에 대한 다년간의 실무 경험에 기반하여 법적 절차 이전의 해결책을 제시하고자 하였습니다.

회사측에서 어떻게 나올지 어느 정도 이해하고 있다면, 퇴직 당사자인 근로자가 부당한 처우를 예방할 수 있으며, 부당한 처우를 받더라도 이에 대항하기 위한 준비와 조치를 취하는 데 도움이 될 것입니다.

구조조정이 진행되다 보면 생각한 대로 원만하게 합의 퇴직이 되지 못하고, 임금체불, 부당해고, 직장 내 괴롭힘 등을 당하는 근로자들이 있습니다. 퇴직 면담 초기부터 녹음이나 문서화 등 사전 조치를 취한다면 부당한 처우를 예방할 수 있고, 근로자가 수용할 만한 조건으로 합의에 이를 수도 있습니다.

고용노동부를 통한 해결 절차를 보면 결국 퇴직 면담의 내용, 회사의 해고 통보와 통보 방식, 근로자의 감정적 대처로 인한 무단 결근, 퇴직 의향 전달, 취업 규칙 등이 모두 증거로 활용되어 결론이 납니다. 즉, 처음 퇴직 면담부터 원만한 합의 퇴직이 되기까지 모든 과정을 잘 준비해야 회사의 부당한 처우에 대항할 수 있게 됩니다.

법적 분쟁 예방을 위해 근로자가 취해야 할 조치 사항과 법적 분쟁 상황이 되었을 때 전반적인 처리 절차를 알고 있으면 분쟁을 해결하는 데 큰 도움이 될 것입니다.

2 법적 분쟁 예방을 위한 근로자의 준비 활동

향후 발생할지도 모를 분쟁을 사전에 예방하고, 적극적으로 자신을 보호하기 위해 근로자 스스로 주도적으로 준비를 해야 합니다. 퇴직 면담 초기부터 퇴직까지 전체 진행 절차에서 발생했던 주요 내용에 대해서는 문서화를 해 두어야 합니다. 사용자의 임금체불, 부당해고 지시, 직장 내 괴롭힘 등 사건에 대해서는 지방노동청, 노동위원회, 인권위 등에서 다루게 되는데, 이때 가장 중요한 것이 증거입니다.

법적 분쟁까지 가지 않으면 좋겠지만, 상황이 어떻게 변할지 예측하기 힘듭니다. 희망퇴직 면담이 시작되는 순간부터 퇴직 또는 계속 근로하는 것으로 마무리될 때까지는 근로자는 자신을 스스로 지킬 수 있는 준비를 해야 합니다. 법적 분쟁까지 가지 않더라도 근로자가 주의해서 준비해야 할 공통적이며, 기본적인 사항을 정리해 보았습니다.

1 희망퇴직 면담 이후 일반적인 진행 절차

회사에서 희망퇴직에 따른 보상 조건으로 위로금, 학자금, 전직지원금 등을 제시하고 근로자가 이를 수용하게 되면, 특별한 상황이 발생하지 않는 한 제시한 보상 조건 그대로 이행이 됩니다. 회사와 인사팀에서는 희망퇴직의 전개 과정에서 발생할지도 모를 대내외적인 노무 문제에 대해 민감하며, 구조조정이지만 원만한 합의 퇴직이 될 수 있도록 진행합니다.

그렇지만, 구조조정이 진행될 경우는 다양한 변수와 상황들이 발생할 수 있습니다. 가령, 희망퇴직 신청자가 목표한 인원에 미달할 경우에는 회사가 근로자에게 퇴사를 종용해야 하는 권고사직의 상황이 전개될 수 있습니다. 또한, 회사에서 해당 근로자의 희망퇴직을 만류하면서 계속 근로를 유인하거나, 해당 근로자가 중요한 프로젝트를 수행하고 있는 경우에는 회사의 프로젝트가 끝날 때까지 근무해 달라는 제안을 할 수도 있습니다.

희망퇴직이 진행 중일 때에는 일반적인 절차와 기준을 벗어나는 상황들이 발생할 수 있습니다. 원만하게 합의가 되지 않은 예외적인 상황들은 법적으로도, 개인적으로도 매우 민감한 장면으로 발전될 수 있습니다. 면담은 1회에 끝나지 않으며, 수차례의 추가적인 면담이 이루어지면서 보상 조건과 근무기간 변경에 대한 새로운 합의가 이루어질 수 있습니다.

희망퇴직 면담 이후 전개되는 일반적인 절차에 대해 이해를 한 후, 근로자 스스로 자신의 권리와 보상을 지키기 위한 준비를 해야 합니다. 희망퇴직 면담 통보를 받는 단계에서부터 인원 구조조정의 경험과 법률 지식을 갖춘 인사 전문가 또는 노무 전문가의 자문을 받는 것도 도움이 됩니다.

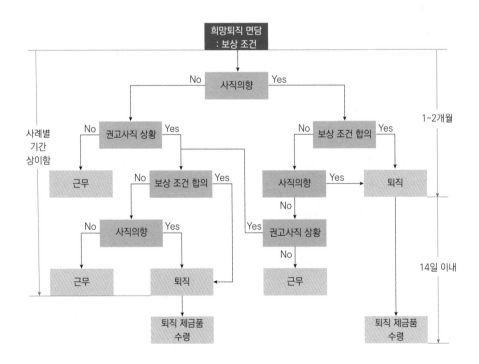

② 최초 희망퇴직 면담 시 주의사항: 녹음과 기록

근로자가 퇴직과 보상 조건, 근로기간 등에 대해 어떤 생각으로 면담을 했든 간에 초기 면담의 내용은 향후 법적 분쟁에서 중요한 증거 자료로 활용될 수 있습니다. 회사측에서 희망퇴직을 제안해 올 경우 근로자가 의향이 없다면 단호하게 희망퇴직을 하지 않겠다고 밝혀야 합니다. 고민한 후 대답하겠다고 하면 회사에서는 해당 근로자가 희망퇴직 의향이 있었다고 주장할 수도 있습니다. 희망퇴직을 기다려 온 상황이 아니라면 일단은 희망퇴직의 의사가 없다는 것을 명확하게 표명하는 것이 좋습니다.

초기 면담 내용에 대해서는 가급적 녹음을 하고 중요한 사항에 대해서는 메모를 해 두어야 합니다. 녹음이 어렵다면 반드시 면담 날짜, 시간, 장소, 면담자를 기재하고 중요한 면담 내용을 기록으로 남겨 두어야 합니다. 상대방의 동의 없이 녹음하는 것은 불법이 아니냐고 생각하시는 분들도 계시는데, 당사자 간의 대화를 녹음하는 것은 불법이 아니며, 향후 중요한 증거 자료로 활용될 수 있습니다.

통신비밀보호법

제3조(통신 및 대화비밀의 보호)

① 누구든지 이 법과 형사소송법 또는 군사법원법의 규정에 의하지 아니하고는 우편물의 검열·전기통신의 감청 또는 통신사실확인자료의 제공을 하거나 공개되지 아니한 타인간의 대화를 녹음 또는 청취하지 못한다.

제14조(타인의 대화비밀 침해금지)

① 누구든지 공개되지 아니한 타인간의 대화를 녹음하거나 전자장치 또는 기계적 수단을 이용하여 청취할 수 없다.

대화 당사자들은 공개된 타인 간의 대화, 공개된 당사자 간의 대화이므로 법에서 정하고 있는 '공개되지 아니한 타인간의 대화'가 아닙니다. 상대방과의 이해관계에 대한 사실관계를 확인하기 위해 녹음하는 것은 형법상 일종의 자력구

제행위 노력으로서 정당방위의 행위로 간주됩니다. 대화 당사자들 간의 녹음은 불법이 아니므로 증거력이 있다고 일반적으로 인정되고 있습니다. 희망퇴직 등 근로자의 이해관계에 중요한 영향을 미치는 면담이 진행될 경우 녹음을 해 두는 것은 향후 발생할 수도 있는 분쟁을 예방하는 중요한 방법입니다.

3 면담 내용의 문서화와 확인

면담 내용 중 위로금 등 보상 조건, 근로기간 등 이해관계가 있는 사항에 대해서는 문서로 정리하여 상대방의 확인을 받는 것이 좋습니다.

새롭게 변경된 보상의 조건에 대해 계약서를 남기면 가장 확실한 방법이지만, 현실에서는 쉽지 않은 경우들이 많이 있습니다. 그렇더라도 근로자가 면담 내용을 정리한 후 잘못 이해하거나 합의된 부분에 대해서는 회사측의 확인을 요청하는 메일 정도라도 진행해 두어야 합니다. 메일을 보낸 후에는 답장을 받아서 상대방의 의사를 명시적으로 확인받는 정도의 절차라도 진행하면 상대방이 말을 번복하기가 쉽지 않으며, 향후 분쟁이 발생하여 법적으로 판정받아야 할 때에도 근로자의 주장을 뒷받침하는 증거로서 활용될 수 있습니다.

함께 면담에 참여한 제3자가 있다면, 그 사람의 진술서를 받아두는 것도 좋습니다. 진술서를 받을 수 없을 경우에는 면담 시에 있었던 주요 내용에 대해 제3자가 이야기하는 것을 녹음으로 남겨두는 것도 좋은 방법입니다. 제3자가 친한 지인인데 어떻게 녹음하느냐는 생각을 할 수도 있지만, 만약의 상황을 대비한다고 생각하고 준비를 해야 합니다.

최초 희망퇴직 면담에서 퇴직 의사가 없다고 밝히고 나면, 그 뒤 회사의 요청에 의해 진행되는 면담은 퇴직 설득이나 권고사직형일 가능성이 높습니다. 근로자 스스로 충분한 준비를 한 뒤 면담에 참석해야 합니다.

근로자가 희망퇴직 대상자로 선정되었다는 통보를 받게 되면 일반적으로 큰 쇼크를 받으며 회사 또는 상사에 대한 배신감과 분노를 느끼며 감정을 조절하기 힘든 상태가 됩니다. 이는 누구나 겪는 일반적인 감정이지만, 감정이 통제되지 않아 근로자에게 불리하게 진행되는 경우가 있습니다. 더욱이 권고사직을 받는 상황이 되면 그 감정은 더욱 증폭되고, 자존감이 크게 무너지게 되어 그 순간에는 아무것도 할 수 없는 패닉 상태에 빠지기도 합니다. 그렇다고 하더라도 감정적인 대응은 근로자에게 별로 도움이 되지 않습니다. 권고사직의 상황에서는 더욱 정신을 차려서 어느 것이 근로자 자신에게 유리한지를 판단해야 합니다.

권고사직형 희망퇴직 면담이 진행될 경우 회사측의 일반적인 메시지는 다음과 같습니다.

권고사직형 면담은 한번으로 마칠 수도 있고 수차례에 걸쳐서 계속 진행될 수도 있습니다. 근로자는 근로자의 권리, 감정 조절, 협상 전략 등 충분한 준비를 한 후 면담에 임해야 합니다.

> - 회사의 경영상황 악화로 인해 희망퇴직을 실시하게 되어 유감입니다.
> - 이번 희망퇴직 조건은 어려운 경영상황에서도 겨우 재원을 만들었습니다. 경영사정이 회복되지 않으면 추가적인 구조조정이 진행될 수도 있습니다.
> - 다음에는 지금과 같은 희망퇴직 보상 조건을 제시하기 힘들 수 있습니다. 회사의 경영사정이 더 악화되면 무급휴직, 급여 반납, 보너스 삭감 등을 해야 할 수도 있습니다.
> - 이번 희망퇴직을 받아 들이지 않으면 대기발령을 받아 들여야 할 수도 있습니다. 구조조정으로 인해 실시된 조직개편에서는 없어진 조직과 업무가 많이 있습니다.

면담 시에는 자신의 의사를 명확히 밝혀야 합니다. 권고사직은 해고가 아니며, 희망퇴직은 일반적으로 해고의 요건을 갖추기 어렵기 때문에 실시하는 것으로 해고를 할 수 없습니다. 퇴직할 의사가 없다면, 회사에 남아서 근로를 계속할 의사가 있음을 명확히 밝혀야 합니다. 회사측에서 이를 받아 들일 수도 있고, 계속하여 권고사직을 할 수도 있습니다. 최종 결론이 나기까지 감정과 에너지의 소모 그리고 개인적으로 많은 시간이 소요될 수 있지만, 충분히 마음의 준비를 하고 회사와의 협상을 진행해야 합니다.

면담이 진행되고 나면 면담 내용을 정리하여 문서화하고 상대방의 확인을 받는 것은 향후 발생할 수도 있는 분쟁을 예방하는 중요한 절차입니다. 문서화의 작업은 면담이 끝난 직후 가급적 빨리 하는 것이 좋습니다. 시간이 지날수록 기억은 희미해지며, 상황은 계속하여 바뀔 수 있으므로 회사측에서는 "그런 말 한 적 없다. 생각이 나지 않는다. 그런 취지의 이야기로 한 것은 아니었다."라고 할 수도 있습니다.

권고사직형 면담이 진행될 때 근로자가 참고해서 준비해야 할 7가지 사항은 다음과 같습니다.

💬 권고사직형 희망퇴직 면담을 위한 근로자 준비 사항

---

① 근로자의 권리 이해

- 근로기준법 등 노동관계법을 읽고 권리를 이해합니다.
- 회사의 취업규칙 및 퇴직 관련 규정을 읽고 자신이 요구할 수 있는 혜택과 절차를 이해합니다.

② 감정 조절

- 면담 중 감정이 격해지지 않도록 주의합니다.
- 감정적인 표현보다는 사실과 근거에 기반하여 면담합니다.

③ 확인해야 할 사항과 질문 준비

- 권고사직을 하는 이유와 배경을 명확히 확인합니다.
- 퇴직 조건, 보상 패키지, 전직지원 프로그램 등에 대해 확인합니다.

④ 서면 자료 요청 또는 녹음

- 회사가 제시한 조건, 면담 내용 등을 서면으로 요청합니다. 서면으로 받기 힘든 경우를 대비하여 녹음을 합니다.
- 중요한 내용은 기록, 메모를 하고 재차 확인합니다.

⑤ 제3자 배석 요청

- 노동조합, 사원대표 등 신뢰할 수 있는 사람이 면담에 배석할 수 있도록 요청합니다.

- 근로자가 원하는 협상 조건과 목표를 설정하고 협상 전략을 준비합니다.

- 회사에서 제시하는 조건 외 다른 대안들을 미리 생각하고 제시할 준비를 합니다.

⑦ 면담 후의 대응

- 면담 내용을 정리하고 회사측의 명시적인 확인을 받습니다.

- 퇴직 후의 생활과 재취업을 위한 준비를 미리 시작합니다.

3 부당해고 해결 절차

노동위원회에 접수되는 사건 중 대부분은 부당해고이며, 매년 1만 건 이상의 조사가 진행되고 있습니다. 2023년 고용노동통계연감에 의하면, 22년 노동위원회에 신고된 사건은 초심 기준으로 13,888건이며, 이 중 부당노동행위가 678건, 부당해고는 12,814건으로 전체의 92.2%를 차지합니다. 2008년부터 2022년까지 15년 누적으로 보면 전체 178,910건 중 부당해고가 174,219건으로 89.1%입니다. 노동위원회에서 처리하는 사건의 대부분은 부당해고이며, 매년 평균 11,927건의 부당해고 건이 접수되고 있습니다.

우리 주변에서 생각보다 많은 부당해고 사례가 발생하고 있습니다. 22년 접수된 부당해고 12,814건 중 인정, 화해, 취하는 9,182건으로 72%가 근로자에게 유리하게 결론이 난 경우로 해석할 수 있으며, 부당해고가 기각, 각하된 경우는 17.6%에 불과합니다.

① 부당해고와 관련된 법적 사항

부당해고는 정당한 이유 없이 사용자(고용주)가 근로자(직원)를 해고하는 경우를 의미합니다. 부당해고는 법적으로 보호받을 수 있으며, 이에 대해 근로자는 권리를 주장할 수 있습니다.

희망퇴직이 진행되는 중에 권고사직과 같은 느낌을 받는 경우가 있습니다. 권고사직을 강요받는 분위기에서 이루어진 퇴직이라도 사직서를 제출했다면 부당해고로 판정되기는 쉽지 않습니다.

개인이 받는 심리적 압박과 스트레스가 높고, 자존감이 많이 상할 수 있는 상황이지만, 퇴직 의사가 없다면 단호하게 계속 근무를 하겠으며, 퇴직을 하지 않겠다고 의사를 밝혀야 합니다. 계속 근로 의사의 명확한 표명은 향후 부당해고를 입증하는 데 가장 중요한 증거가 됩니다. 면담이 진행될 경우에는 관련된 문서를 보관하고, 면담 내용을 녹음하며, 증인이 있다면 증인의 진술서를 확보해서 향후 발생할지도 모를 부당해고의 상황을 대비해야 합니다.

2 부당해고 구제 처리 절차

사용자가 정당한 이유 없이 근로자를 해고하는 경우에 근로자는 노동위원회에 구제를 신청할 수 있습니다.

- 해고가 정당한 사유 없이 이루어진 경우
- 경영상 이유에 의한 해고 제한 요건을 갖추지 않은 경우
- 「근로기준법」, 「남녀고용평등과 일·가정 양립 지원에 관한 법률」, 「노동조합 및 노동관계조정법」 등에서 정하고 있는 특정한 해고 금지 사유를 위반하여 해고한 경우
- 해고할 만한 사유가 아님에도 징계 양정을 과도하게 하여 해고한 경우
- 법령 또는 단체협약·취업규칙에서 정한 해고절차를 위반하여 해고한 경우
- 해고할 수 없는 시기에 해고를 한 경우

노동위원회는 사회취약계층인 근로자가 부당해고 구제신청을 한 경우에는 "공인노무사 무료법률지원제도"에 따라 무료로 공인노무사에게 권리구제 업무를 대리하게 할 수 있습니다.

그림 11-1 부당해고 구제절차 개관

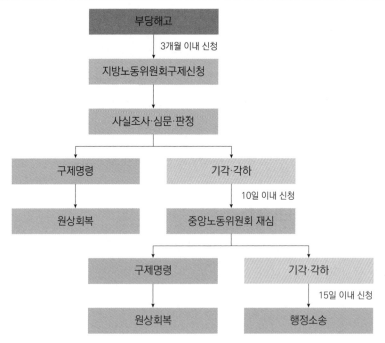

출처: 생활 법령 정보 수록 내용

노동위원회 구제신청 및 행정소송 제기에 의한 부당해고 구제절차는 지방노동위원회에 구제신청 → 사실관계 조사 → 심판위원회[21]의 심문 → 판정 → (재심) → (행정소송) → 확정 → 종료의 순서에 따라 진행됩니다. 부당해고를 당한 근로자는 노동위원회에 부당해고 구제신청 및 행정소송과 별개로 민사상 해고 무효확인소송을 제기할 수 있습니다.

① 지방노동위원회에 의한 부당해고 구제(초심)
- 사용자가 근로자를 부당해고하면 근로자는 부당해고가 있었던 날부터 3개월 이내에 노동위원회에 구제를 신청할 수 있습니다.
- 구제명령서나 기각결정서를 통지받은 날부터 10일 이내 재심을 신청하지 않으면 그 구제명령, 기각결정은 확정됩니다.

② 중앙노동위원회에 의한 부당해고 구제(재심)
- 「노동위원회법」에 따른 지방노동위원회의 구제명령이나 기각결정에 불복하는 사용자나 근로자는 구제명령서나 기각결정서를 통지받은 날부터 10일 이내에 중앙노동위원회에 재심을 신청할 수 있습니다.
- 재심판정서를 송달받은 날부터 15일 이내에 행정소송을 제기하지 않으면 그 구제명령, 기각결정 또는 재심판정은 확정됩니다.

③ 법원에 의한 부당해고 구제(행정소송)
- 중앙노동위원회의 재심 판정에 대해 사용자나 근로자는 재심판정서를 송달받은 날부터 15일 이내에 「행정소송법」의 규정에 따라 소(訴)를 제기할 수 있습니다.
- 제1심 법원이 선고한 종국판결에 대해 불복하는 경우, 근로자와 사용자는 판결서가 송달된 날부터 2주 이내(판결서 송달 전에도 가능)에 제1심 법원에 항소장을 제출하여 항소(抗訴)할 수 있습니다.

---

21 심판위원회: 공익위원 3명, 사용자 위원 1명, 근로자위원1명으로 구성되며, 심판위원회에서 판정, 명령, 결정을 내린다.

- 고등법원이 선고한 종국판결과 지방법원 합의부가 제2심으로서 선고한 종국판결에 대해 불복하는 경우, 근로자와 사용자는 판결서가 송달된 날부터 2주 이내(판결서 송달 전에도 가능)에 항소심법원에 상고장을 제출하여 상고(上告)할 수 있습니다.

※ 상고는 판결에 영향을 미친 헌법·법률·명령 또는 규칙의 위반이 있다는 것을 상고 이유로 들 때에만 할 수 있습니다.

④ 해고무효확인의 소(민사 소송)

- 부당해고를 당한 근로자는 법원에 해고무효확인의 소를 제기할 수 있습니다.
- 해고무효 확인의 소는 사용자의 일방적 의사로 행한 해고의 무효를 확인해 달라는 소입니다.
- 부당해고 구제신청과 민사상 해고무효확인의 소는 별개의 제도이므로 양자를 선택하거나 동시에 진행할 수 있습니다.
- 제1심 법원이 선고한 종국판결에 대해 불복하는 경우, 근로자와 사용자는 판결서가 송달된 날부터 2주 이내(판결서 송달 전에도 가능)에 제1심 법원에 항소장을 제출하여 항소(抗訴)할 수 있습니다.
- 고등법원이 선고한 종국판결과 지방법원 합의부가 제2심으로서 선고한 종국판결에 대해 불복하는 경우, 근로자와 사용자는 판결서가 송달된 날부터 2주 이내(판결서 송달 전에도 가능)에 항소심법원에 상고장을 제출하여 상고(上告)할 수 있습니다.

※ 상고는 판결에 영향을 미친 헌법·법률·명령 또는 규칙의 위반이 있다는 것을 이유로 드는 때에만 할 수 있습니다.

4 임금체불 해결 절차

1 임금체불과 관련된 법적 사항

임금체불은 사용자가 근로자에게 근로의 대가로 주어야 할 임금을 지급하기로 정하여진 때에 지급하지 않는 것입니다.

> **근로기준법 제43조(임금 지급)**
> ① 임금은 통화(通貨)로 직접 근로자에게 그 전액을 지급하여야 한다.
> ② 임금은 매월 1회 이상 일정한 날짜를 정하여 지급하여야 한다.

일방적인 임금 삭감, 상여금 삭감은 물론 퇴직금을 동의 없이 14일 이내에 주지 않는 것도 임금체불에 해당됩니다.

임금체불에 있어서 가장 중요한 판단 기준은 사용자가 근로자에게 지급하기로 합의 또는 약속한 계약서입니다. 임금체불은 근로자가 이를 입증해야 하는데, 명시적으로 작성된 계약서가 없다면 입증이 용이하지 않을 수 있습니다. 사용자와 근로자 간 문서로 체결한 계약서가 있다면 확실한 증거가 되겠지만, 상호 간 구두 합의하에 근로를 제공한 경우라면 사측에서 말을 바꿀 경우 입증이 어려울 수 있습니다. 근로를 제공하고 있는 회사에 추가적인 계약서를 요청하는 것이 불편할 수 있지만, 회사에서 보상 조건을 명시한 문서 정도라도 받는 것이 향후 발생할지도 모를 분쟁을 대비하는 것입니다.

임금채권법에 의하면 임금채권은 3년간 행사를 하지 않으면 시효가 만료되어 소멸되므로 체불임금을 받을 권리가 없어지게 됩니다. 임금채권 소멸시효 외에도 공소시효가 있습니다. 공소시효는 형사범에 대한 공소 제기 기간을 의미하며, 5년이 지나면 공소시효도 소멸되므로 형사 처벌을 제기할 수 없게 됩니다. 시간이 지날수록 기억이 흐려지고, 증거 수집이 어렵고, 증거가 소실될 가능성도 높습니다. 체불임금을 포기할 것이라면 몰라도 받아낼 생각이라면 하루라도 빨리 신고하는 것이 좋습니다.

근로기준법에서는 근로감독관에게 사법경찰권을 부여하고 있으며, 근로자가 진정서를 제출하면 근로감독관은 사법경찰권을 행사하게 됩니다.

> **근로기준법 제104조(감독 기관에 대한 신고)**
> ① 사업 또는 사업장에서 이 법 또는 이 법에 따른 대통령령을 위반한 사실이 있으면 근로자는 그 사실을 고용노동부장관이나 근로감독관에게 통보할 수 있다.
> ② 사용자는 제1항의 통보를 이유로 근로자에게 해고나 그 밖에 불리한 처우를 하지 못한다.
>
> **근로기준법 제 105조(사법경찰권 행사자의 제한)**
> 이 법이나 그 밖의 노동 관계 법령에 따른 현장조사, 서류의 제출, 심문 등의 수사는 검사와 근로감독관이 전담하여 수행한다.

2 임금체불 구제 처리 절차

임금체불의 법적 절차는 고용노동부 지방지청에 진정서를 제출하면서 시작됩니다. 근로자가 사업주에게 근로기준법 위반을 고용노동부 또는 근로감독관에게 알려서 조치를 취해 줄 것을 요구하는 행위를 진정이라고 합니다.

임금체불 진정서는 관할 노동부 지방지청을 직접 방문을 하는 방법과 우편, 온라인으로 접수하는 방법이 있습니다. 지방 노동청을 방문하게 되면 상담을 받은 후 진정서를 제출할 수 있습니다.

그림 11-2 　고용노동부 지방지청 임금체불 처리 절차

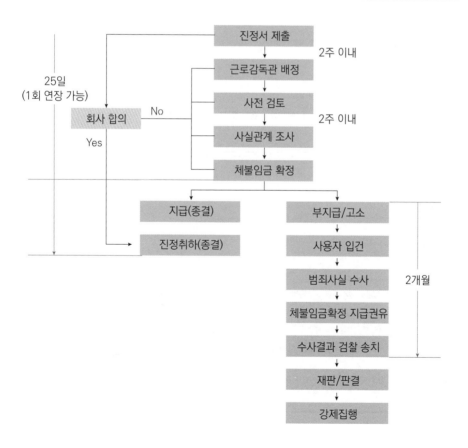

그림 11-3 노동관계법 위반 진정서 서식

진 정 서

※ 뒤쪽의 작성방법을 읽고 작성하여 주시기 바랍니다.   (앞쪽)

접수번호	접수일	처리기간 25일 (사건에 따라 연장가능)

진정인 (근로자)	성명 외 (명)	주민등록번호
	전화번호	휴대전화번호
	주소	
	근무기간 :	재직여부 :재직[ ], 퇴직[ ]

① 피진정인 (사용자)	성명	주민등록번호
	주소 (전화번호:	휴대전화번호:)

② 피진정인 <뒷면> 작성방법의 ②,④를 확인하여 해당자만 작성)	성명	주민등록번호
	주소 (전화번호:	휴대전화번호:)

사업장 개 요	사업장명	사업의 종류
	대표자 성명	가동여부 :가동[ ], 휴·폐업[ ]
	연락처	상시근로자수 : ( )명
	사업장 소재지	
	③ 근무지(소재지와 다른 경우 작성)	
	④ 직상·상위 수급인(<뒷면> 작성방법의 ②,④를 확인하여 해당자만 작성)	
	회사명 : 대 표 :	
	주 소 : 전화번호 :	

진정 내용	

「근로기준법」 제104조 및 「근로감독관 집무규정」 제33조에 따라 진정하오니, 조치하여 주시기 바랍니다.

년   월   일

진정인(대표)   (서명 또는 인)

(   )지방고용노동(지)청장 귀하

첨부서류	1. 진정 내용을 확인할 수 있는 증빙자료 (자료가 있는 경우에 한함) 2. 진정인이 여러 명인 경우 진정인 연명부 작성	수수료 없음

210mm×297mm[일반용지 60g/㎡(재활용품)]

진정서 양식에 진정인(근로자)과 피진정인(사용자)의 인적사항을 기재합니다. 사업장 개요에는 사업장명, 사업의 종류, 대표자 성명, 사업장 소재지 등을 기재합니다. 진정 내용에는 체불된 임금의 구체적인 내역(급여, 상여금, 수당 등) 등 진정 내역을 명확히 작성합니다.

그림 11-4 **출석요구서**

출 석 요 구 서

■ 출석자 :
■ 출석요구일시 :

피진정인 　　　 에 대한 금품체불 진정사건에 대하여 문의할 일이 있으니 　　　　 지청 근로개선지도1과로 출석하여 주시기 바랍니다.
출석하실 때에 반드시 이 출석요구서와 주민등록증(또는 운전면허증) 및 도장, 그리고 아래 증거자료와 기타 귀하가 필요하다고 생각하는 자료를 가지고 나와 주십시오.

> 신체적 또는 정신적 장애로 인해 의사소통이나 의사표현 등에 어려움이 있을 경우 담당 근로감독관에게 사전에 알려 주시면 진술 조력, 편의 제공 등 형사사법 절차에서 도움을 받으실 수 있습니다.

지참서류 :

지정된 일시에 출석할 수 없는 부득이한 사정이 있거나 이 출석요구서와 관련하여 궁금한 점이 있으면, 근로개선지도1과 (전화: 　　　　　　　　 에 연락하여 출석일시를 조정하거나 궁금한 사항을 문의하시기 바랍니다.

　※사건처리과정은 고용노동부 노동포털 (labor.moel.go.kr)에서 확인가능합니다.

○출석장소 :
○교 통 편 :

2024년 　 월 　 일

지청

특 별 사 법 경 찰 관
근 로 감 독 관

진정서를 접수할 때 증빙 자료를 함께 제출하면 배정되는 근로감독관이 내용을 파악하는 데 도움이 됩니다. 진정서가 접수되면 민원접수번호와 접수되었다는 내용이 카톡이나 문자메시지를 통해 통보되며, 1~2주 이내에 근로감독관이 배정됩니다.

　배정된 근로감독관은 근로자에게 전화를 걸어 출석 요구 등 향후 진행될 절차를 설명한 뒤 회사에도 진정서가 접수되었고 출석이 필요하다는 것을 설명합니다. 진정인과 피진정인을 대상으로 출석요구서를 보내며, 출석요구서에는 신분증, 도장, 증거 자료 등을 지참하여 출석 일시와 장소, 배정된 근로감독관의 이름이 기재됩니다.

　사용자가 직접 출석하기 힘든 상황이면 위임장을 받은 인사부서의 책임자 또는 담당자가 출석하게 됩니다. 근로자와 사용자에게 출석 요구를 하게 되며 대략 10~14일 정도 사실관계를 조사하게 됩니다.

　근로감독관은 진정인(근로자)의 요구사항부터 세밀하게 조사를 하게 되며, 이후 피진정인(사용자)에 대한 조사를 진행하게 됩니다. 필요시에는 진정인과 피진정인을 함께 불러 조사할 수도 있으며, 참고인의 출석을 요구할 수도 있습니다. 진정인은 자신의 주장을 입증할 수 있는 각종 증거 자료와 진술할 내용을 정리하여 조사에 응하는 것이 좋습니다. 작성된 진술서는 진정인이 서명을 하게 되는데, 진술서를 토대로 판정이 이루어지므로 꼼꼼히 읽어 보고 수정이 필요한 사항이 있는지 확인해야 합니다.

　근로감독관은 조사 중에 화해를 권할 수 있으며, 시정명령을 내려서 이행하게 할 수도 있습니다. 근로감독관은 당사자 간의 화해가 성립되거나 시정명령이 이행되면 진정사건을 종료시킵니다. 그렇지만, 시정명령이 이행되지 않을 경우 근로감독관은 수사결과와 함께 사용자를 검찰로 입건 송치하게 됩니다. 사용자가 임금청산 이행 지시를 이행하지 않고 검찰에 입건되며, 근로자는 민사소송의 진행을 위해 담당 근로감독관에게 체불임금확인서를 요청하면 발급해 줍니다.

　회사측에서 체불된 임금을 지급하겠다는 확답을 받고 진정을 취하하는 경우가 있는데, 이후 회사측에서 차일피일 임금 지급을 미루었을 때에는 노동청에 임금체불에 진정서를 낼 수 없게 되며, 민사 소송을 진행해야 합니다. 밀린 임금을 모두 지급받기 전까지는 진정을 취하하지 않는 것이 좋습니다.

그림 11-5 임금체불 근로자 지원제도

임금체불 근로자 지원제도

구 분		내 용		
간이 대지급금 (구. 소액체당금)	지원대상		구분	퇴직자	재직자 (시급기준, 최저임금의 110% 미만)
		근로자 요건	확정판결등에 따른 대지급금	퇴직일의 다음날부터 2년 이내 소송등을 제기한 퇴직 근로자	마지막 체불 발생일의 다음날 부터 2년 이내 소송등을 제기한 재직 근로자
			체불확인서에 따른 대지급금	퇴직일의 다음날부터 1년 이내 진정등을 제기한 퇴직 근로자	마지막 체불 발생일의 다음날 부터 1년 이내 진정등을 제기한 재직 근로자
			사업주 요건	산업재해보상보험법 적용대상 사업으로 해당 근로자의 퇴직일까지 6개월 이상 사업가동	산업재해보상보험법 적용대상 사업으로 근로자가 소송 또는 진정등을 제기한 날 이전 마지막 체불일까지 6개월 이상 사업가동
	지원내용		퇴직자	재직자	
			최종 3개월분의 임금(또는 휴업수당, 출산전후휴가기간 중 급여), 최종 3년간의 퇴직급여등 중 체불액 - 최대 1,000만원 상한(임금등 700만원, 퇴직급여등 700만원)	최종 3개월분의 임금 (또는 휴업수당, 출산전후휴가기간 중 급여) 중 체불액 - 700만원 상한	
	신청절차	판결 등이 확정된 날부터 1년 이내에(체불 임금등·사업주확인서 발급일로부터 6개월 이내) 간이대지급금 지급청구서를 근로복지공단에 제출→지급요건 확인→(부)지급 통지			
	필요서류	(확정판결 등에 따른 대지급금) 판결문 등 집행권원 정본 및 사본, 확정증명원 정본 및 사본, 체불 임금등·사업주확인서 원본 또는 사본			
	비 고	근로복지공단 ☎ 1588-0075			
체불근로자 생계비 융자	지원대상	(재직자) 체불 사업장(폐업된 경우는 제외)에서 재직 중 (퇴직자) 체불 사업장에서 융자신청일 이전 6개월 이내에 퇴직 • 건설일용근로자는 신청일 이전 180일 이내에 고용보험 근로내용 확인신고서 상 근로일수가 30일 이상 (체불요건) 신청일 이전 1년동안 1개월분 이상 임금등이 체불 • 건설일용근로자는 전년도 건설업임금실태조사(개별직종노임단가) 중 하반기 보통인부 노임단가 5일분 금액 이상이 체불			
	지원내용	(융자금액) ①재직자는 융자신청일 이전 1년 이내에 발생한 체불액 범위에서 해당 근로자의 신청금액(총 1천만원 한도, 고용위기지역 또는 특별고용지원업종 재직자는 2천만원 한도), ②퇴직자는 최종 3개월간 임금(휴업수당, 출산전후휴가기간 중 급여), 최종 3년간의 퇴직급여등 중 체불액(총 1천만원 한도) (융자금리/조건) 연 1.5% / 1년 거치 3년(또는 4년) 원금균등분할상환 (보증) 별도 담보제공 없음(공단의 신용보증지원, 보증료 연 1% 별도)			
	신청절차	융자 및 보증신청 → 융자결정 → 보증서 발행 및 은행통보 → 융자실행(기업은행)			

	필요서류	▶ 건설일용근로자 아래 서류 중 어느 하나
		①체불확인서(고용보험법상 근로내용
		  확인신고가 있는 경우에 한함)
		②체불임금등·사업주확인서
		③사업주가 근로자에게 미지급 임금 등을
		  지급하라는 판결문 등
				▶ 건설일용근로자 와 아래 서류 중 어느 하나
				①체불확인서(재직자에 한함)
				②체불임금등·사업주확인서
				③사업주가 근로자에게 미지급 임금 등을
				  지급하라는 판결문 등(재직자에 한함)	

	비 고	근로복지공단 ☎ 1588-0075, 근로복지서비스(www.workdream.net)			
무료 법률구조	지원대상	체불 당시 최종 3개월분의 월평균임금이 400만원 미만인 근로자			
	지원내용	소송비용 및 변호사 보수비용 지원(패소시 상대방 소송비용 지원하지 않음)			
	구조절차	구조신청 → 사실조사 → 구조결정 → 구조계약 체 결 → 소송수행			

	필요서류	▶ (공통) 체불 임금등·사업주확인서, 근로자의 주민등록등본 각 1부
		▶ (사업주가 법인인 경우) 법인등기부등본 1부(가압류, 강제집행시 각 1부 추가)
		▶ (가압류하는 경우)
		  - 부동산 가압류: 부동산등기부등본 토지, 건물 각 1부
		  - 자동차 가압류: 자동차등록원부 1부
		  - 채권 가압류: 사업주 소재지(또는 영업장소) 부동산등기부등본 1부, 제3채무자
		    인적사항(법인인 경우 등기부등본) 및 가압류할 채권의 표시			

	비 고	대한법률구조공단(www.klac.or.kr), ☎ 지역번호+132			

근로자는 처리된 진정사건이라도 이의를 제기할 수 있으며, 재진정서를 제출하면 됩니다. 재진정서가 접수되면 고용노동부 지방지청에서는 담당하는 근로감독관을 변경하여 재조사를 진행하게 됩니다. 그렇지만, 재진정의 경우 동일한 지방노동청의 다른 근로감독관에게 사건이 배정되는데, 아무래도 처음 사건을 맡았던 근로감독관을 의식하지 않을 수 없기 때문에 판이 뒤집어지기는 어렵습니다. 그래서 재진정의 경우는 동일한 지방노동청보다는 국민권익위원회를 활용하면 부처도 다르고, 조사관도 다르므로 좀 더 다른 결과를 기대할 수 있습니다.

5 권고사직과 직장 내 괴롭힘

근로자가 퇴직을 하지 않고 계속 근로하겠다는 의사를 표명했지만, 회사측에서 계속하여 사직을 권고하는 경우에는 직장 내 괴롭힘에 해당 될 수 있습니다. 권고사직을 거절한 이후에 부당한 징계를 하거나 납득할 수 없는 이유로 공개적인 망신과 모욕을 주는 경우도 직장 내 괴롭힘에 해당될 수 있습니다.

권고사직을 거절했기 때문에 발생하는 직장 내 괴롭힘은 회사에 신고를 해도 가해자가 회사측이기 때문에 해결되기 어려운 상황이 전개될 수 있습니다.

법에 따른 정식 신고와 조사가 효과적인 방법이며, 근로자는 증기 자료와 당사자 간의 관계, 피해상황, 피해자의 요구내용을 정리하여 사업장 관할 지방고용노동청에 방문하여 신고하거나 고용노동부 홈페이지의 민원신청을 통해서 진정을 제기할 수 있습니다.

그림 11-6 직장 내 괴롭힘 처리 절차도

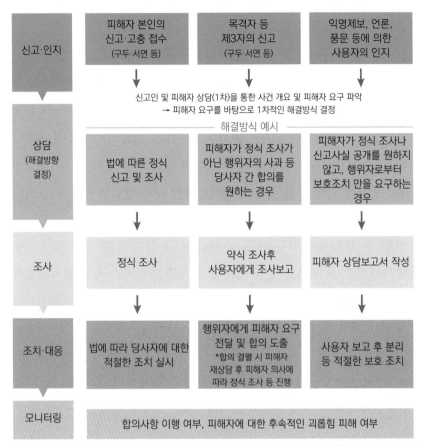

출처: 딜라이트 노무법인

6 대기발령

1 대기발령의 개념

희망퇴직 대상자가 최종적으로 희망퇴직을 거부하면 회사에서는 대기발령이나 지방 전보 등을 언급하게 됩니다. 이와 같은 회사의 조치 예고를 받고 나면 불안감, 배신감, 동료들의 시선 의식, 가정 내 불화 등과 함께 상당한 스트레스를 받게 되며 결국 퇴직원에 서명을 하고 퇴직하는 경우가 많이 있습니다.

희망퇴직을 수용하지 않겠다는 결정을 한 상황이라면 회사측에서 대기발령을 진행할 것이라는 것을 예상하고 있어야 하며, 대기발령을 받아 들일 것인지를 검토해 두어야 합니다.

회사에서 대기발령을 언급하더라도 희망퇴직으로 인한 구조조정이 모두 끝난 뒤에 실시하게 됩니다. 그때의 상황에 따라 실제 진행할 수도 있고, 진행하지 않고 정상적으로 업무를 할당할 수도 있습니다. 사회통념상 합리성을 벗어나지 않는 대기발령이라면 회사의 재량권에 속하는 상황이기 때문에 법적인 제재 사항은 아니며 회사의 판단에 따라 진행이 됩니다. 근로자가 대기발령의 개념, 급여, 법적인 한계 등을 충분히 이해한다면 보다 합리적인 결정을 하는 데 도움이 될 것입니다.

대기발령은 근로자의 직무수행능력 부족, 근무 성적 불량, 징계 절차 진행 중 또는 형사사건 기소 등으로 인해 업무상 장애를 예방하기 위해 일시적으로 당해 근로자에게 직위를 부여하지 않음으로써 직무를 중단시키는 잠정적인 조치입니다(대법원 판례, 95누15926).

대기발령은 본질적으로 징계와 구분되지만, 취업규칙에서 징계의 일환으로 규정되거나 급여 미지급 규정이 있다면 징계로 해석될 수 있지만, 일반적으로 대기발령은 인사상의 잠정 조치로 간주됩니다.

2 대기발령의 기간

대기발령은 장기간 이어질 수 없으며, 직장 내 괴롭힘으로 간주될 수 있고 법적으로 무효로 판결이 날 수도 있습니다.

대기발령의 기간에 대한 대법원 판례를 소개해 드리겠습니다.

> [기업이 그 활동을 계속적으로 유지하기 위하여는 노동력을 재배치하거나 그 수급을 조절하는 것이 필요불가결하므로, 대기발령을 포함한 인사명령은 원칙적으로 인사권자인 사용자의 고유권한에 속한다 할 것이고, 따라서 이러한 인사명령에 대하여는 업무상 필요한 범위 안에서 사용자에게 상당한 재량을 인정하여야 한다. (대법원 2005. 2. 18. 선고 2003다63029 판결 참조)

그렇지만, 대기발령이 일시적으로 당해 근로자에게 직위를 부여하지 아니함으로써 직무에 종사하지 못하도록 하는 잠정적인 조치이고, 근로기준법 제30조 제1항에서 사용자는 근로자에 대하여 정당한 이유 없이 전직, 휴직, 기타 징벌을 하지 못한다고 제한하고 있는 취지에 비추어 볼 때, 사용자가 대기발령 근거규정에 의하여 일정한 대기발령 사유의 발생에 따라 근로자에게 대기발령을 한 것이 정당한 경우라고 하더라도 당해 대기발령 규정의 설정 목적과 그 실제 기능, 대기발령 유지의 합리성 여부 및 그로 인하여 근로자가 받게 될 신분상·경제상의 불이익 등 구체적인 사정을 모두 참작하여 그 기간은 합리적인 범위 내에서 이루어져야 하는 것이다.

만일 대기발령을 받은 근로자가 상당한 기간에 걸쳐 근로의 제공을 할 수 없다거나, 근로제공을 함이 매우 부적당한 경우가 아닌데도 사회통념상 합리성이 없을 정도로 부당하게 장기간 동안 대기발령 조치를 유지하는 것은 특별한 사정이 없는 한 정당한 이유가 있다고 보기 어려우므로 그와 같은 조치는 무효라고 보아야 할 것이다. (대법원 판례, 2005다3991)]

사회통념상 합리성이 없을 정도로 부당하게 장기간 유지하는 대기발령 조치는 무효라고 판시했는데, 사회통념상 합리성이 있는 기간은 다소 애매한 표현입니다. 그렇지만, 회사측에서도 대기발령의 기간을 정당한 사유 없이 오랫동안 유지할 수 없다는 것을 잘 알고 있으므로 1개월 단위로 운영하며 3개월 정도 이내에서 대기발령이 진행된다는 것으로 예상할 수 있습니다.

③ 대기발령의 장소와 급여, 구제

대기발령의 장소는 자택 대기 또는 회사 내 다른 장소에서의 대기 형태로 구분되며, 근로관계의 정지가 아닌 인사권 행사로, 근로기준법상 휴업에 해당합니다. 따라서 대기발령 기간에도 평균임금의 70%에 해당하는 휴업수당을 지급해야 합니다. 대기발령의 장소가 자택인 경우 평균임금의 70%를 지급받게 되지만, 회사에 출근하여 대기하는 경우에는 정상 출근과 동일하게 급여를 전액 지급받을 수 있습니다.

대기발령도 부당하고, 임금체불과 마찬가지로 구제신청을 할 수 있습니다.

대기발령의 기간이 길어지거나 평균임금의 70%를 지급하지 않는 경우에는 지방노동위원회에 '부당대기발령 구제신청'을 할 수 있습니다.

4 대기발령의 수용 전략

회사측에서도 대기발령을 진행하는 것에 대해 부담감을 가지고 있고, 그 기간도 그렇게 길지 않을 수 있으며, 급여로 평균임금의 70% 이상을 받을 수 있습니다. 대기발령이 끝나고 나면 정상적으로 업무에 복귀하여 동료들과 함께 근무를 하게 됩니다.

대기발령을 수용하기로 결정했다면 대기발령의 기간을 전략적으로 활용하겠다는 마음가짐이 중요합니다.

해당 기간 동안 경력 개발 계획서 작성, 자격증 취득 공부, 인생의 라이프 휠 작성 등 살아 온 삶과 미래에 대한 고찰 등의 시간으로도 활용할 수 있습니다. 대기발령이 끝나면 동료들과 함께 회사생활을 해야 하므로 자신의 인적 네트워크가 손상되지 않도록 주의하여 관리하는 등 자기 자신을 위한 전략적인 시간을 확보했다는 긍정적인 마음가짐을 가지는 것이 좋겠습니다.

참고문헌

[단독] "차라리 잘됐다" 퇴사 간보는 MZ직원들…한전에 무슨 일이, 한국경제, 2024.04.25

[단독] LG전자 올해도 희망퇴직…"인력 효율화 차원, 실적과는 무관", 서울경제, 2023.02.27

[단독]진격의 카카오엔터, 전 직원 '연봉 500만원+▨' 파격 인상, 머니투데이, 2021.08.06

[단독]카카오엔터프라이즈, 내주 희망퇴직…클라우드 외 전직원 대상, 머니투데이, 2023.07.13

"지난해 대기업 직원과 임원 간 연봉 격차 더 벌어졌다", CEOSCORE, 2021.03.31

120명중 1명만 별 단다… 100대 기업 임원 승진 확률 0.83% (조선일보_유니코써치 보도), 2022.11.16

2023년 가계금융복지조사 결과, 통계청, 2023.12.7

3년간 5대 은행서 7000명 희망퇴직… 빈 자리엔 AI 은행원, 뉴데일리경제, 2024.06.09

How to Use The Wheel of Life | The Coaching T〇〇ls Company

JOBKOREA 회사소개서, 홈페이지

KB손보, 3년 만에 희망퇴직…45세·근속 10년 이상 대상, 아주경제, 2024.07.18

LG화학, 첨단소재본부 희망퇴직 카드 꺼내…사업 구조조정 속도, 서울경제, 2024.04.14

SM 인수 독됐나...카카오엔터, 희망퇴직 프로그램 가동, MTN뉴스, 2023.06.13

SMART 목표: 개념 및 나만의 SMART 목표 세우는 방법 (tableau.com), TABLEU

같은 공동체인데 반값 지원금 카카오엔터프라이즈 '절망퇴직' 비명, 머니투데이, 2023.07.16

경영 위기 KBS, 1년 이상 근속자 희망퇴직 신청받는다, 연합뉴스, 2024.02.16

고용보험법 시행규칙 별표2, (제101조제2항 관련)

권고사직 거절하자 괴롭힘·퇴사 압박?···SM벡셀 '손실 주고도 2억 요구' 반박, 헬스케어, 2022.05.24

대우건설 희망퇴직··· 월급 22개월치, 위로금 최대 3000만원, 2024.06.05. 머니s

대우건설, 장기근속·고연차 직원 희망퇴직 실시···특별위로금 신설, 2024.06.05, MTN 뉴스

"43세 이상은 희망퇴직 대상" 롯데免, 32개월치 임금+2000만원 지원, 서울신문, 2024.08.06

롯데백화점, '희망퇴직' 알고보니 '권고사직', 디지털조선TV, 2024.01.12,

롯데온, 이커머스 실적부진에 저성과자 권고사직, 뉴데일리경제, 2024.05.14

롯데온, 출범 후 첫 희망퇴직··· 근속 3년 이상 임직원 대상, 뉴데일리경제, 2024.06.06

'大사직 시대'···늘어나는 3040 희망퇴직, 매거진 한경, 2022.1.14.,

메리츠화재 조직쇄신 탄력 9년 만에 희망퇴직 받기로, 매일경제, 2024.06.05

사람인 2024년 1분기 실적발표, 2024.05.23, 홈페이지 공시

성공적인 커리어를 위한 커리어 플랜 짜기(robertwalters.co.kr), 로버트 월터스

엔씨 권고사직에 노조 "경영진 실책, 왜 직원에 전가하나" 반발, 연합뉴스, 2024.04.25

엔씨소프트, 직원 250명 감원···6개월치 급여 얹어준다, 한국경제, 2024.04.24

우리카드, '5개월치 삭감' 희망퇴직 실시···현대카드도 접수중, 이시아투데이, 2024.01.21

이마트 사상 첫 희망퇴직에 대표가 전한 말 "회사가 살아야 모두가 생존", 서울경제, 2024.03.26

일자리의 미래 보고서, 한국과학기술기획평가원, 2023년 제9호

조용한 퇴사, Zaidle Pelin, On quiet quitting #workreform | quiet quitting | TikTok, 2022.07.26

중·고령층 재취업의 특징 및 요인 분석과 시사점, 한국경제연구원, 2022.01

직원 줄이고, 이익 늘리고...은행권 '생산성 개선' 박차, 뉴스투데이, 2024.04.08

직장 내 괴롭힘 발생 시 처리 절차 및 대응시 유의사항, 딜라이트 노무법인, 2023.05.17

직장인 과반, "지금 '조용한 퇴사' 중", 인크루트, 2024.03.26

청년 미래의 삶을 위한 자산 실태 및 대응방안, 한국보건사회연구원, 2022.05

카카오엔터프라이즈, 구조조정 두달 만에 직원 수 40% 감소, 조선비즈, 2023.09.07

하나은행, 40세부터 희망퇴직… 최대 28개월 치 임금 지급, 조선비즈, 2024.06.15

한화손보, 다시 희망퇴직 단행…나채범 대표 취임 1년만, 비즈워치, 2024.03.04

현대카드, 연초 성과급 연봉의 31% 지급…희망퇴직도 진행, 머니투데이, 2024.02.05

저자 소개

오성호 저자는 30년 이상 LG전자와 Hitachi-LG Data Storage에서 인사 및 경영지원 분야에서 탁월한 성과를 쌓아온 HR 전문가입니다. 인사, 조직문화, 인재육성, 노무, HR 총괄 등 HR의 다양한 영역에서 조직책임자로서 활동하며, 조직 변화와 경력 전환 프로그램을 성공적으로 기획하고 실행해 왔습니다. 경영학 박사 학위와 경영지도사, 코칭 자격을 보유한 그는 현재 피플그로쓰컨설팅(People Growth Consulting) 대표로서, 생성형 AI를 활용한 HR 컨설팅과 강의를 통해 사람과 기업의 성장을 지원하고 있습니다.

오성호 저자는 학계에서도 16편의 논문을 발표하며 활발히 활동해왔고, 한국경영학회 KBR 최우수 논문상을 수상한 바 있습니다. 또한, 공저로 "뉴노멀로 다가온 포스트 코로나 세상"과 "AI 시대, 메타버스 기술과 표준화 전략"을 발간하며, 빠르게 변화하는 기술과 경영 환경에 대한 통찰을 제시해 왔습니다. "희망퇴직 매뉴얼"은 그의 풍부한 경험과 인사이트를 바탕으로, 퇴직을 준비하는 이들이 심리적·실질적 문제를 체계적으로 해결할 수 있도록 돕는 실용적인 가이드입니다.

희망퇴직 매뉴얼: 준비에서 성공까지

초판발행	2025년 1월 3일
지은이	오성호
펴낸이	안종만·안상준
편 집	김다혜
기획/마케팅	정연환
표지디자인	Ben Story
제 작	고철민·김원표
펴낸곳	(주)**박영사**
	서울특별시 금천구 가산디지털2로 53, 210호(가산동, 한라시그마밸리)
	등록 1959. 3. 11. 제300-1959-1호(倫)
전 화	02)733-6771
f a x	02)736-4818
e-mail	pys@pybook.co.kr
homepage	www.pybook.co.kr
ISBN	979-11-303-2142-4 03320

정 가   20,000원